혼자서
시작하는
자산관리
입문서

혼자서 ✓ 시작하는 자산관리 입문서

주식, 펀드, 연금, 보험으로 재테크 준비 A부터 Z까지

이혜나 지음

헤이미디어

목차

프롤로그

'돈이 최고인 세상'. 그것이 지금 우리가 현존하는 자본주의 사회이다. 언젠가부터 수저로 타인의 배경을 구분 짓는 '수저계급론'이 우리 사회에 등장했다. 개인의 노력보다는 부모로부터 물려받은 부(富)에 따라 수저의 계급이 나뉜다는 밀레니얼 시대 신조어로 수저의 색은 부모의 부의 수준을 뜻한다. 환경에 의해 부를 이룬 금수저 계급은 스스로의 노력으로 장기간 부의 축적을 이뤄나가야 하는 우리들의 씁쓸한 선망의 대상이 되기도 한다. 그러나 문제는 철저한 자본주의 시대에 살아가고 있는 우리에게 정작 어느 누구도 자본주의 사회에서 생존할 방법은 알려주지 않았다는 것이다.

1차(농업), 2차(광공업) 산업이 중시되었던 선대에는 '노동력'을 제공하는 것으로 소득을 얻는 것이 가능했다. 근검절약하고 열심히 저축하는 것이 곧 고성장 시대의 고금리 환경 속에서 부를 축적하는 방법이었다. 그러나 현대의 환경은 완벽히 달라졌다. 저출산 저성장 국면에 들어선 대한민국은 초저금리 시대를 맞이하고 있고, 역사적 사건으로도 남을만한 코로나19의 팬데믹 상황은 전 세계의 제로금리 방아쇠를 당기는데 크게 일조하였다. 2015년부터 단계적 금리 인상(긴축정책)을 펼치던 미국의 중앙은행인 연방준비제도는 2020년 들어 1.75%에서 단숨에 제로금리를 선언하였으며, 한국은행은 2020년 3월 16일 기준금리를 연 1.25%에서 0.75%로 인하하는 빅 컷을 단행했다. 대한민국 역사상 기준금리가 0%대에 들어선 것은 처음 있는 일이었다. 결국 우리 시대의 금리시계가 제로에 수렴할 것이 더욱 분명해지고 있다.

그러나 다행히도 이와 같은 대외적 환경 속 극복을 위한 긍정적 변화가 일어났다. 금융문맹국이라는 수식어가 붙을 정도로 금융에 무지하고 투자에 보수적이었던 대한민국에 점차 변화의 바람이 분 것이다. 제로금리 시대는 급여에 의존하는 많은 직장인이 더 이상 부자가 될 수 없다는 한계점을 확인시켜 주는 계기가 되었고 그로 인해 적금으로 대부분의 자산을 운용해 오던 많은 직장인은 한정된 자산을 증식시킬 수 있는 새로운 투자 방법을 강구하게 되었다. 즉, 재테크는 현재의 시대에 필수적인 생존수단이 되어버린 것이다.

　장기적 관점에서 주식 가격의 폭락은 곧 저가매수의 기회라는 과거의 학습경험을 토대로 세대와 관계없이 주식 투자 열풍이 불었고, 부동산 투자 규제, 부동산 가격의 폭등으로 소규모의 자본으로 쉽게 접할 수 있는 주식 투자를 유일한 자산 증식의 기회로 삼는 이들이 더욱 늘어난 상황이 되었다. 자신의 퇴직연금을 살펴 적극적으로 증식하고자 실적배당형 상품을 통해 운용하는 이들이 나타났고, 각종 정보매체를 통해 공부하고 경험하는 소위 스마트한 개인들이 나타나기 시작했다. 실제 과거와는 달리 현재 투자 주체로서의 '개인'들은 뛰어난 선견지명과 풍부한 자금력으로 현재 국내 시장의 상승을 주도하고 있다.

　과거에는 고객과의 재무설계 상담 시에 왜 우리가 재테크를 해야 하는지 그 이유를 설명하고 그들에게 니즈를 환기시키고 설득하는데 많은 에너지를 사용했다면, 현재에는 '그렇다면 재테크는 어떻게 할지' 그들에게 방법만 알려주면 되는 시대가 되었다. 모두가 재테크의 필요성을 인지하고 있고, 재테크에 대한 관심이 고조된 사회에 들어서게 되었다.

　그러나 갑작스럽게 찾아온 제로금리 시대는 재테크에 관심을 갖게 만들었지만, 어느 누구도 어떻게 하면 되는지 방법을 알려주지는 못했다. 그래서 자신의 자산을 어떻게 저축하고, 실패하지 않는 투자를 할 수 있는지 등 자산관리사로서 쌓아온 지난 경험을 토대로 많은 이들에게 나의 건전한 투자 노하우를 공유하고 싶었다. 제일 쉬운 방법은 자산관리인에게 자신의 자금을 위탁하거나 운용 방법을 코칭 받는 것이지만 타인에 대한 의존으로는 결코 스스로 완전한 돈의 주인이 될 수 없게 만든다. 재테크가 생존 수단이 된 만큼 우리의 삶과 재테크는 단기가 아닌 평생에 걸쳐서 해나가야 하는 필수불가분의 관계가 되었다. 세상에 공짜는 없다. 부자가 되기 위해서는 끊임없이 시장의 트렌드를 연구하고 배워야 하며, 경험해야 하는 시간적, 감정적 대가를 치러야만 한다. 간혹 주식 투자로 일확천금을 벌어들인 이들 몇몇을 주위에서 볼 수 있지만, 본인이 그 주인공이 될 거라는 꿈은 진작에 깨는 것이 좋다. 그것은 로또를 맞는 것만큼이나 어려운 일이다.

생존 수단이 되어버린 재테크는 우리의 삶과 평생을 함께하는 부의 증식 수단으로써 타인에 의한 것이 아닌 장기적인 관점하에 본인만의 투자 원칙을 정립해 나가는 것이 옳다. 부로 환경을 평가받아야 하는 씁쓸한 단어지만 소위 흙수저로 태어난 필자는 주어진 환경 속에서 내가 할 수 있는 최대의 정보를 수집했고 돈을 벌 수 있는 다양한 투자 방법을 경험했다. 그리고 이제 막 자본주의 사회에 적응해 나가게 된 단계에 이르렀다. 아울러 나의 직업을 통해 평범한 내가 평범한 방법으로 이루어 온 결과물들을 많은 이들에게 알리고 있다. 환경을 단숨에 변화시키는 것은 불가능하다. 그러나 우리가 장기에 걸쳐 자기 소득의 진정한 주인으로 살아간다면 적어도 우리의 삶을 성공적으로 마감할 수 있지는 않을까. 우리는 이제 곧 금수저로 태어나지 않은 것을 원망할 것이 아니라 100세 시대 긴 여생 동안 풍요로운 삶을 이루지 못한 자신을 원망해야 할 것이다.

다양한 부의 계급층을 마주하고 그들의 자문자로 함께하며 결코 돈이 우리 삶의 전부가 아님은 필자도 알고 있다. 그러나 씁쓸하게도 최소한의 행복은 전부 돈과 관련된다. 이 책을 읽는 독자들이 진정한 '돈의 주인'으로 살아갈 수 있도록 널리 나의 자산관리 방법을 알려, 독자가 본인 스스로 자산관리인이 되는데 일조하고자 이 책을 편찬했다. 우리 모두가 금수저로 태어나진 않았지만 금수저로 돈에 종속되지 않는 행복한 생을 마감할 수 있도록 희망하며.

이혜나

PART 1.

재테크, 꼭 해야 하나요?

근검절약 정신이 곧 부자가 되는 지름길이라고 믿었던 과거 고금리 환경 속에서는 절약하여 저축하는 것이 곧 최고의 미덕이었고, 저축을 통해 차도 사고, 집도 사고, 자녀를 양육하는 일이 가능했다. 그러나 현재의 저금리 기조 속에서는 한정된 급여를 저축하는 것만으로는 자산을 증식하거나, 여유로운 삶을 누리기 어려운 시대가 되었다. 재테크란 재물 재財와 기술technology의 합성어로 '재산을 불리는 방법'으로 통용되고 있다. 경제가 가파르게 성장했던 1980~1990년대에는 은행의 예·적금 금리가 평균 15% 안팎의 수준을 유지했기에 재테크의 의미가 사실상 무색했다. 그렇기에 지금처럼 금융소비자들이 돈을 불리기 위해 다방면으로 정보를 취득하거나 금융을 학습해야 하는 일은 거의 없었다. 그저 가게 살림을 아껴 열심히 은행에 저축하는 것이 자산을 안전하게 불리는 행위였고 높은 이자를 받을 수 있는 적금이 곧 최고의 재테크 수단이었다.

그러나 지금은 과거와 완전히 달라졌다. 경제둔화기에 들어선 대한민국은 양적 완화1) 정책을 지속하고, 대표적인 돈 풀기 정책 중 하나인 금리를 지속적으로 인하해 저축 대신 상대적 소비를 장려한다.

1) 중앙은행이 금융시장의 신용경색 해소와 경기 부양을 위해 정부의 국채나 여타 다양한 금융 자산의 매입을 통해 시장에 직접 유동성을 공급하는 정책을 말한다. 양적 완화는 정책 금리가 0에 가까운 초저금리 상태여서 더는 금리를 내릴 수도 없고, 재정도 부실할 때 경기 부양을 위해 사용된다. 이는 중앙은행이 기준금리를 조절하여 간접적으로 유동성을 조절하던 기존 방식과 달리, 보다 직접적인 방법으로 시장에 통화량 자체를 늘리는 통화 정책이다. 한 나라의 양적 완화는 다른 나라 경제에도 영향을 미칠 수 있다. 예를 들면 미국에서 양적 완화가 시행되어 달러 통화량이 증가하면 달러 가치는 하락하게 돼 미국 상품의 수출 경쟁력이 커지게 된다. 또한 원자재 가격이 상승하여 물가는 상승하고, 달러 가치와 반대로 원화 가치(평가절상, 환율하락)는 상승한다. 한편, 양적 완화 정책을 점진적으로 축소하는 것은 테이퍼링(tapering)이라고 한다.

저렴한 이자에 대출받아 투자할 수 있도록 독려하여 경기 활성을 도모하고 있는 것이다. 대한민국의 중앙은행2)인 한국은행 기준금리는 제로금리에 성큼 다가섰고 경제 둔화로 인한 금리의 지속적 인하 추세는 기정사실화 된 것이나 다름이 없어졌다. 곧, 유럽, 일본과 같이 우리나라에서도 제로금리 시대로의 진입은 멀지 않은 이야기가 됐다. 이제는 저축을 통해 우리의 자산을 불릴 수 있는 시대는 사라졌고 다방면으로 개인이 수익을 내기 위해 관심을 갖고 투자해야 하는 시대가 도래한 것이다.

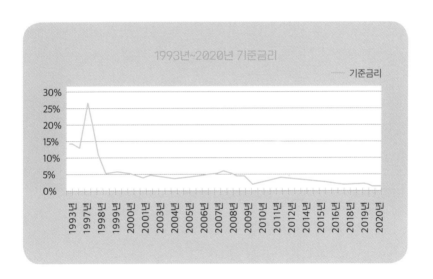

1999년~2020년 기준금리

— 기준금리

그러나 여기서 더 큰 문제는 비단 낮은 금리뿐만 아니라 매년 물가는 지속적으로 상승한다는 사실이다. 물가는 액면상 같은 돈이라도 시대에 따라 체감 물가가 다르다. 예를 들어 한 신혼부부가 20평형대 매매가 10억 원의 아파트를 매입하고자 10년을 계획하고 자금을 마련하였다고 가정한다면, 과연 10년 뒤에도 그 아파트는 그대로 10억 원일까? 그것은 확률적으로 제로에 가까울 것이다. 물가는 지속해서 상승하기 때문에 표면상 같은 돈이라 하더라도 과거와 현재에 그 쓰임 가치는 달라질 수밖에 없다. 특히 장기적인 관점에서 바라본다면 물가상승률은 매우 중요하게 작용한다. 결국 우리가 지닌 돈의 현재 가치가 미래에도 같은 가치로 사용할 수 있도록 하기 위해서는 투자수익률이 물가상승률과 같거나 그 이상이어야 한다.

현재 대한민국은 실질금리 마이너스 시대[3]에 들어섰다. 물가를 고려한다면 우리가 은행에 예·적금만 하는 것이 더는 안전하게 자산을 지키는 것이 아니라 자산의 실질 가치를 감소시키는 행위와도 다름이 없어진 것이다. 결국 재테크는 선택이 아니라 필수인 시대가 되었다.

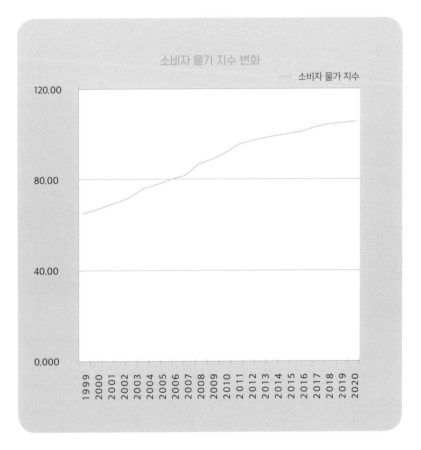

3) 명목금리-물가상승률=실질금리. 우리가 육안상으로 확인할 수 있는 표면금리를 명목금리라 하고 여기에서 매년 물가상승률을 차감한 금리를 실질금리라고 일컫는데 이를 고려하면 대한민국은 이미 실질금리 마이너스 시대에 진입한 것이다.

투자의 불편한 진실

 일반적으로 '투자에 대한 인식'은 대게 긍정적이지 않은 편이다. 코로나19로 인해 폭락한 주식 시장에서 저가에 주식을 사려는 신규 투자자들이 대거 등장하며 대한민국에는 주식 열풍이 불어왔다. 공모청약 균등배분 제도가 도입되며 전 국민이 공모청약에 참여하는 등 변화의 바람이 불고 있지만 아직도 투자에 대한 부정적인 입장을 보이는 이들을 주위에서 적지 않게 볼 수 있다. 특히 저축을 통해 안전하게 자산을 불려왔던 세대의 경우 손실 가능성이 있는 투자에 대해 더욱 인색한 경향이 높다. 실제 우리가 주변인과 투자에 관해 이야기하면 대다수는 성공 경험보다 실패 사례를 이야기하곤 한다. 주식 하면 패가망신한다는 고정관념 또한 아직도 주변에서 자리 잡고 있다. 그러나 이러한 생각은 결국 투자기회비용을 날리는 일이다. 우리가 착각하고 있는 사실은 투자로 인한 패가망신이 아니라, 잘 모르고 덤비는 무모함 때문에 실패를 경험하게 된 것이다. 투자에 실패한 원인을 분석하면 대부분 다음과 같은 공통점이 있다.

첫 번째, 분석 없는 투자

투자하고자 하는 대상에 대한 면밀한 분석 없이 투자하는 것은 결국 도박과도 같다. 가령 우리가 원하는 옷을 사기 위해서는 옷의 재질도 살피고, 사이즈도 살피고, 직접 입어 보기도 하고, 타인의 후기를 살피기도 한다. 이처럼 한 가지 재화를 소비하기 위해서는 다방면으로 가격을 비교하거나 꼼꼼히 알아봐야 한다. 그러나 투자는 급하게 진행하는 경향이 있다. 은행원의 권유로 펀드에 투자하거나 혹은 지인의 권유로 주식 종목을 사거나, 주변의 소문을 듣고 가상화폐에 투자할 때는 정작 이 투자 상품이 나에게 적합한지, 투자 시기가 적절한지, 투자 대상이 어떠한 성장성을 지니고 있는지, 투자 대상의 가치가 시장 가격에 부합하는지 등을 알아보지 않은 채 쉽게 투자하고 만다. 이렇게 무지한 상태에서 진행한 투자는 예기치 못한 시장 변동 시 대처가 불가능해진다. 타인의 정보에만 의존했던 투자 대상이 어떠한 상태인지 알지 못하기 때문이다. 즉, 투자하고자 하는 대상을 꼼꼼하게 분석해야 투자 대상에 대한 신뢰를 지닐 수 있다. 그리고 투자 대상에 들인 노력과 관심만큼 나의 자산이 안전해질 가능성이 커진다.

두 번째, 빚투(빚내서 투자하기)

이는 투자자금이 없는 상태에서 본인이 취득한 정보를 믿고 투자하면 큰돈을 벌 수 있다는 생각에서 범하는 오류이다. 투자자금이 없어 타인의 자금을 빌려와서 투자하는 행위는 패가망신의 지름길이 된다. 건전한 투자란 나의 예산 범위에서 하는 투자이다. 빚을 내서 투자한 이의 경우 예상치 못한 수익, 기간, 시장에 변수 등 돌발 상황을 감당하지 못할 가능성이 크다. 빚으로 하는 투자는 더 큰 빚을 초래할 수 있으며 결국 투자를 하지 않으니만 못한 최악의 상황이 벌어지기도 한다. 투자는 반드시 자기가 감당할 수 있는 한도 내에서만 이루어져야 한다. 자신의 그릇 내에서만 하는 투자는 투자 실패에 대한 무고한 채권자의 책임을 막아주는 역할을 하고, 패가망신이 벌어질 수 있는 상황을 막아내는 역할을 한다.

세 번째, 비중 조절에 실패한 투자

투자에는 초심자의 행운이라는 말이 있다. 초심자의 행운이란 어떤 분야에 막 입문한 초보자가 일반적인 확률 이상의 성공을 거두는 것을 말한다. 주식, 가상화폐 등 단기성 투자를 시작한 입문자가 첫 투자에 내는 수익으로 투자의 기쁨을 경험하게 되는 과정이다. 이를 통해 생기는 자신감은 자칫 투자 비중 조절 실패를 야기할 수 있다. 투자 비중 조절에 실패하는 것은 대부분이 금융소비자가 투자에 실패할 수밖에 없는 주원인이 된다. 수익에 대한 운이 따르면 투자 비중 확대라는 유혹에 쉽게 노출되고, 자신의 능력이나 경험으로 인한 통계를 간과한 채 무모한 투자를 진행할 가능성이 크다.

절대적인 것이 없는 투자시장 앞에서는 항상 겸손해야 한다. 수익을 잘 낸다면 그것은 본인의 능력치보다 시장 환경이 투자 상승에 맞추어 조성된 것뿐이다. 뉴스를 보면 하루에도 정말 다양한 사건, 사고가 발생하는 것처럼 시장에도 예기치 못한 변수와 이벤트가 늘 존재한다. 그렇기에 투자할 때는 항상 리스크에 대비하여 안전자산과 투자자산의 비중을 적절하게 분배해야 한다. 이는 본인의 경험과 투자 수준에 따라 차등을 두어 운용한다. 통상 투자자산의 비중이 최대 순자산의 50%를 넘지 않도록 자산을 운용하는 것이 좋다. 아울러 투자자산 내에서도 위험도가 높은 투자자산의 비중보다 위험도가 낮은 투자자산의 비중을 확대하는 것이 바람직하다.

돈의 주인으로 살아가는 방법

　은행에 대부분의 자산을 위탁했던 과거와 달리 이제 철저하게 내 자산의 관리자가 되어야 하는 시대가 도래했다. 이제 우리는 금융시장이 처한 대외적 배경과 경제 상황을 살피어 나에게 맞는 투자 방법을 찾고 학습하여 철저한 계획하에 투자를 진행해야 한다. 섣부른 투자보다 투자를 학습하고 깨우치는 일이 우선시되어야 하며, 투자를 결정할 때에는 투자 대상의 가치와 성장성에 대한 면밀한 분석이 뒤따라야 한다. 은행, 증권, 보험사 등 금융사별 전문가가 우리 곁에 존재하지만, 이들의 자산관리 기간은 무한할 수 없으며 나의 생각과 자산관리사의 방향성이 일치하지 않을 수도 있다. 무엇보다 '나의 돈'에 대한 애정의 크기가 그들과 같을 수는 없다.

　'투자의 책임과 판단은 본인에게 있으며 투자로 인한 손실이 발생할 수 있고 이를 책임지지 않는다.'라는 투자 원칙하에 금융 전문가는 투자의 실패를 책임져 주지 않는다. 생산하지 않고 소비하지 않는 고령 시대의 진입으로 인한 대한민국의 경기둔화는 저금리 기조를 압박하고 이러한 금융 환경은 일시적인 현상이 아닌 것으로 전망되고 있다. 따라서 끊임없이 재테크를 연구해 자신만의 투자 원칙을 정립해 나가야 하며 타인의 의존이 아닌 나 자신에 전적으로 의존해야 한다. 이 세상에서 나의 돈을 가장 소중히 여기는 이는 단연 '나'일 테니 우리는 이제 진정한 돈의 '주인'으로 사명감과 책임감을 갖고 투자에 임해야 한다.

어떻게 투자해야 할까?

열심히 모은 예·적금의 만기금을 수령하는 시기에 이자를 보면 한숨이 절로 나온다. 지금의 이자는 우리가 투자해야 할 이유를 몸소 체감하는 반증이 된다. 그렇다면 우리는 어디에, 어떻게 투자해야 할까? 바로 문제 속에 그 답이 있다. 우리가 투자해야 하는 근본적인 이유는 저금리 환경보다 지속적으로 물가가 상승하고 있다는 사실에서 비롯된다. 그렇기에 자산 가치를 보존하기 위해서는 물가상승률 이상의 수익을 낼 수 있는 재테크가 반드시 동반되어야 한다. 여기서 물가상승률의 상관관계를 살피면 결국 우리가 투자해야 하는 대상이 도출된다. 물가상승률의 사이클은 다음과 같다.

물가 상승 → 판매자(기업)의 이익 증가 → 기업의 가치 상승 → 주가 상승

물가가 상승하면 물건(재화)을 판매한 판매자의 기업 이익은 증가한다. 예를 들어, 휴대폰을 판매하는 가전 회사의 매출을 10년 전과 비교하면 같은 수량을 판매했을 경우 현재 매출이 더 높을 수밖에 없다. 기업의 매출 증가는 곧 이익 증가로 이어지며 기존에 1,000억 원의 매출을 냈던 회사가 1조 원을 벌어들이게 된다면 이 회사의 가치는 상승했다고 판단할 수 있다. 즉, 기업 가치 상승은 곧 투자자들의 투자 가치 대상으로 유효하여 주가가 상승한다. 결국 물가 상승은 기업의 주가 상

승으로 연결되는 상관관계가 형성된다. 그렇다면 우리는 물가 상승의 수혜 주체인 기업에 직·간접적으로 투자함으로써 기업의 수혜 이익을 개인의 수익으로 가져올 수 있다. 우리가 접근할 수 있는 기업 투자 방법은 직접 투자인 주식이 대표적이며 간접 투자로는 펀드가 있다.

투자의 첫걸음, 신문 구독 습관화하기

"어떤 것부터 공부해야 하나요?"

"추천 도서가 있나요?"

"도움이 될 만한 유튜브 채널을 추천해 줄 수 있나요?"

투자에 본격적으로 눈을 뜬 이들이 가장 많이 묻는 질문이다. 이에 대해 늘 한결같이 대답을 한다. "매일 신문 보는 것을 습관화하세요. 경제 기사를 구독하는 것은 투자를 가장 잘 배울 수 있는 방법입니다."

시장 트렌드는 끊임없이 변하기에 투자에 수학공식과 같은 절대적인 방법은 존재할 수 없다. 투자 기법도 많은 이에게 알려진다면 더 이상 그 방법 또한 효용가치가 없어진다. 그러나 우리는 매일 급변하는 세상 속 다양한 분야의 사건, 사고를 뉴스를 통해 접하고 있다. 현재 대한민국 경제 상황이 어떠한지, 정치 정책적으로 어떤 이슈가 발생하고 있는지, 어느 기업에서 어떤 호재와 악재가 일어나는지, 해외에는 무슨 일이 있는지 등을 파악할 수 있다. 정보의 바다인 뉴스를 수시로 보는 습관은 시장을 보는 눈을 기르는 방법의 전부나 다름없다. 예기치 못한 시장의 변동 근거 또한 결국 뉴스를 통해 알게 된다. 서적을 읽거나 기본 용어를 습득하는 것도 중요하지만, 금융시장은 전적으로 예측불가한 영역이기에 신문 기사를 수시로 정독하는 것을 습관화해야 한다. 이처럼 뉴스는 우리가 투자할 대상을 선정하고, 시장에 대응할 수 있도록 배경과 투자 근거를 만들어주는 중요한 역할을 한다. 매일 신문을 읽는 것을 습관화한다면 1년 뒤 더 많은 경제 흐름을 깨우친 사람으로 성장해 있을 것이라 감히 단언할 수 있다.

나무를 보지 말고 숲을 보라

투자 대상을 선정할 때 초보자인 경우 무작정 한 가지 기업을 분석하기보다 탑다운top-down 방식으로 접근하는 것이 유리하다. 탑다운 방식은 금리, 환율, 유가 등 거시 경제, 산업 분석을 통해 유망 산업을 찾아낸 후 개별 기업을 찾아내는 방식이다. 쉽게 말하자면 경제의 큰 흐름과 현재 투자 가치와 성장성이 있는 산업군을 선정한 뒤 세부적으로 개별 기업을 분석하는 방법이다. 이 또한 신문이나 증권사에서 발간한 리포트 등을 통해 현재 어떤 산업군이 유망하고, 성장 가능성이 있는지, 어떤 이벤트를 앞두고 있는지 유추할 수 있다.

2020년 코로나19가 전 세계를 뒤흔들었을 때 주요 산업군이 BBIG[4])였던 것과 같은 맥락이다. 코로나19라는 특수적인 조건에서 바

---

4) 코로나19 발발이후 증시의 주도주로 떠오른 항목이다. B는 Bio(바이오), B는 Battery(배터리), I는 Internet(인터넷), G는 Game(게임)이다.

이오, 2차전지, IT, GAME 산업군들이 고도의 성장을 이루었다. 산업군은 대부분 같은 흐름으로 움직이는 경향이 있기에 탑다운 방식으로 투자 대상을 선정한다면 시간을 아낄 수 있고, 순환매 시장의 흐름을 파악할 수 있어 투자 안목을 기르는 데에도 도움을 준다. 따라서 투자 경험이 적다면 투자 대상을 세부적으로 살피기보다, 시황과 산업 전반을 보는 눈을 먼저 기르는 것이 유리하다.

아무리 내재적 가치가 좋은 기업이라도 산업군에 리스크가 발생한다면 그 기업의 주가는 하락할 수밖에 없고, 좋은 성적을 내는 기업이 있더라도 IMF, 코로나19와 같은 대외적 악재를 만나면 주가는 하락하게 된다. 그렇기에 투자 시작은 큰 정세를 살피는 것이 중요하다. 시장에 대입하면 개별 종목 위에 업황이 존재하고 업황 위에 시황이 존재한다고 보면 된다.

시황 > 업황 > 개별 종목

건강한 투자를 위한 마인드 정립

투자를 대하는 태도에 있어 금융소비자가 범하는 가장 큰 오류는 투자만 하면 큰돈을 벌 수 있다는 기대감과 단기적인 측면에서 투자 수익을 바란다는 것이다. 재테크는 일확천금을 벌 수 있다는 생각보다 물가상승률 이상의 수익을 내는 것을 목표로 해야 하며, 그 이상의 수익을 내면 충분히 투자 가치가 있는 성공적인 투자로 볼 수 있다. 삶을 지탱하는데 가장 기본이 '돈'이 되기에 재테크는 일시적인 것이 아니라 생애 전반에 걸쳐 이루어야 하는 영역이다. 따라서 일시적인 수익이 아니라 느리더라도 꾸준히 수익을 내는 것을 목표로 해야 한다.

간혹 주위에 주식, 가상화폐, 부동산 등 투자에 성공하여 일확천금의 주인공이 된 이들을 볼 수 있다. 그 주인공이 내가 될 것이라는 기대는 버려야 한다. 투자로 인해 꾸준히 예·적금 이상의 수익을 내는 것만으로도 당신은 타인보다 앞서 나가는 투자를 하는 것이다. 또한 운에 의해 단기간 쉽게 번 수익은 쉽게 재투자되어 소진될 가능성이 크다. 따라서 본인의 학습과 노력으로 얻은 고귀한 성과 이익을 꾸준하게 얻는 것이 중요하다. "꾸준함은 재능을 이긴다."라는 말처럼 시장에서도 이 말은 적용된다. 장기적인 측면에서 꾸준한 수익을 내고자 하는 것은 운에 의한 일회성 수익을 이길 수 있다. 투자는 장기전이다. 거북이처럼 느리더라도 꾸준한 투자를 통해 수익을 도모하는 일. 그것이 성공적인 결과를 만들어내는 방법이다.

재테크의 최종 목표

누군가에게 "당신의 삶에 최종 꿈은 무엇인가요?"라고 물어보면 봉사활동, 전원주택 거주, 세계 일주 등 다양한 꿈을 이야기하곤 한다. 꿈은 각자 다르지만 이들이 말하는 꿈에는 공통점이 있다. 바로 꿈이 이루어지는 시기를 무의식 중에 은퇴 시기로 한정하고 있다는 사실이다. 결국 최종 목적지는 모두 은퇴 후의 행복한 삶이다. 학창 시절 최종 결과물이 수능 성적과 대학으로 귀결되듯, 우리의 삶의 최종 결과물이 도출되는 때는 바로 은퇴로 비유할 수 있다. 은퇴 이전의 삶을 어떻게 살아왔고, 은퇴 이후의 삶을 얼마나 준비해 왔는지에 따라 결과물이 달라진다.

재테크의 목적은 한순간의 영화로운 삶이 아니라 생애 전반에 걸쳐 여유로운 삶을 영위하는 것에 있어야 한다. 특히 은퇴 시기가 중요한 이유는 이때가 소득이 중단되는 시기이기 때문이다. 소득 발생이 없는 무소득 기간에는 과거에 얼마나 재테크를 잘 해왔는지가 더욱 중요해진다. 결국 재테크의 최종 목표는 어떤 정량의 수익을 내거나 재화를 소비하기 위한 목표 수익을 달성하는 것에 있는 것이 아니라, 은퇴를 목표로 은퇴 시점에 맞춰 여유로운 삶을 준비하는 것에 초점을 맞춰야 한다. 올바른 재테크를 통한 재무 설계를 지금부터 준비해 나가야 하는 이유도 바로 여기에 있다.

PART 2.

투자를 위한 종잣돈 형성하기

제로금리 시대, 적금 굳이 해야 할까?

　　돈을 좀 모아볼까 하고 다짐할 때 가장 먼저 접하는 금융 상품은 단연 '적금'이다. 적금은 돈을 모으는 가장 안전한 수단으로 시장의 변동과 관계없이 예정된 원금과 이자를 정확하게 지급한다. 그러나 초저금리 시대에 들어선 만큼 높은 이자를 지급받는 것이 어려운 현실이라 만기 시에 형편없는 이자를 보고 실망하게 되는 경우가 적지 않다. 현재 금리는 연간 물가상승률조차 따라가지 못하는 실정이다. 그래도 적금은 해야만 한다. 물론 적금만 해서는 안되는 시대가 왔다. 은행의 정기적금은 투자의 원천이 될 수 있는 종잣돈을 가장 안전하게 모으는 방법으로 적금을 통해 마련된 자금은 곧 투자자산으로 활용될 수 있다.

　　투자 경험이 없고, 마련한 종잣돈이 없는 사회초년생이라면 첫 저축습관은 반드시 적금으로 길들여야 하며, 적금 비중을 최대로 높여서 월 적립 자산을 운용해야 한다. 적금은 이자 수익을 내기 위한 목적이나 재테크 관점이 아닌 돈을 모으는 저축 습관을 기를 수 있게 돕는 가장 기본적인 수단이 된다. 적금은 가장 낮은 수익률을 지급하지만, 투자 재원으로 활용될 밑천을 가장 안전하게 만들어내는 수단이기에 적금은 다른 투자나 저축과 동반되어야 한다.

제2금융권에서 저축하라

예대마진[5])에 의해 수익을 내는 은행의 경우 대출금리가 높으면 당연히 예·적금 금리도 상대적으로 비례하여 높을 수밖에 없다. 우리가 흔히 대출금리가 높은 금융권으로 기억하는 '저축은행'들은 상호금융기관, 보험사 등을 포함하여 제2금융권에 속해 있다. 제2금융권에서 판매되는 예·적금의 경우 제1금융권에 비해 대체로 높은 이율을 지급한다. 그러나 대부분의 금융소비자는 접근성, 안정성, 신뢰성 등의 이유로 제2금융권보다 제1금융권을 선호한다. 그 이유를 물어보면 제2금융권에서 가입하는 금융상품은 예금자보호법에 의해 보호를 받지 않는 영역이라 생각하는 경우가 많다. 그러나 제2금융권의 예·적금 상품도 1인 5,000만 원 한도 내 예금자보호법에 의해 보호를 받는 예금자 보호 적용 대상이 된다.

저축은행은 영업점을 방문하지 않고 〈SB톡톡〉 애플리케이션을 통해 예·적금 통장 개설이 가능하다. 또한 다양한 상품의 금리와 가입 조건은 금융소비자 정보 사이트인 〈파인〉에서 비교하고 선택할 수 있다.

5) 대출이자에서 예금이자를 뺀 나머지를 말한다.

파인: fine.fss.or.kr

상호금융기관의 세제우대 혜택 챙기기

　　상호금융기관이란 조합원의 영세한 자금을 예탁받아 이를 조합원에게 융자함으로써 조합원 상호 간의 원활한 자금 융통을 꾀하는 호혜금융의 일종이다. 농협, 수협, 축협의 단위조합, 산림조합, 신용협동조합, 새마을금고 등이 상호금융에 속한다. 상호금융기관에서는 조합원 통장[6]을 개설한 경우 예·적금 합산 3,000만 원까지 이자소득세를 면제하는 세제 혜택을 주고 있다[7]. 세제 혜택을 활용하면 제1금융기관

---

6) 출자금통장이라고도 하며, 상호금융기관의 조합원으로 가입하여 납입한 금액은 상호금융기관에서 자본금 운용을 도모하고 출자한 일정 금액에 대한 배당 소득이 비과세 되는 통장이다.

7) 2021년 기준 이자소득세 비과세, 농특세 1.4%만 부과.

에 비해 상대적으로 높은 이율을 지급받을 수 있을 뿐 아니라, 세제우대 혜택까지 지원받기에 실제 지급 이자는 더 높은 셈이 된다. 세어 나가는 지출을 막고, 이자소득세 14%를 절세할 수 있어 같은 기간 내에 동일한 자산을 운용하는 효율적인 저축 방법이 된다.

세금우대저축

- 가입 대상: 만 19세 이상
- 가입 한도: 취급기관(새마을금고, 농협, 신협, 수협, 산림조합 등) 합산 3천만 원
- 세율

2022년 12월 31일까지 발생하는 이자소득	1.4%
2023년 12월 31일까지 발생하는 이자소득	5.9%
2024년 1월 1일 이후 발생하는 이자소득	9.5%

상호금융기관의 출자금통장

상호금융기관 중 가장 적극적으로 출자금통장을 활용하는 금융기관으로 새마을금고를 꼽는다. 출자금통장이란 금융소비자가 1인 1,000만 원 한도로 예금한 자금을 금융기관에서 자유롭게 출자하여 대출, 채권, 주식, 부동산 등에 투자하고 투자에 대한 운용이익금을 배당금으로 돌려주는 방식의 예금상품이다. 출자금통장의 경우 주거지

관할지역 또는 직장 소재지의 시/군/구 단위 해당 지역에서만 가입이 가능하다.

은행에서 가입하는 예금상품은 1년 뒤 만기금으로 수령하는 예금이자를 사전에 육안상으로 확인할 수 있지만, 출자금통장은 배당금을 지급받는 통장으로 미리 결산일에 얼마큼의 배당수익을 지급받을 수 있는지 확인할 수 없다. 그렇기에 배당금을 가늠할 방법으로는 작년 해당 지역 상호금융기관의 출자금통장 배당률을 확인하면 된다. 이전 배당률은 상호금융기관 홈페이지와 지점에서 유선상으로 확인할 수 있다.

출자금통장은 지점별로 독립적으로 운용한다. 운용에 주력하는 지점이 있는 반면 예금 이율과 다를 바 없는 운영을 하는 경우도 있다. 출자금통장은 가입 지역에 제한을 받기에 출자금 배당률이 높은 타 지역 지점을 선택하여 가입하는 것이 불가능하다. 이런 경우에는 출자금통장을 개설하는 것보다 일반 예금통장을 개설하는 편이 유리하다. 즉, 과거 해당 지점의 배당률과 예금 가입 시점의 기준 이율을 확인한 후, 출자금통장의 배당률이 더 높다면 출자금통장을 개설하고 예금이율이 더 높다면 예금을 선택하는 것이 좋다.

예금을 선택하는 경우 출자금통장에 최저 예치 금액만 납입한 후, 정기예금에 가입한다면 3,000만 원 한도 내 이자소득세가 비과세되는 세제우대 혜택까지 챙길 수 있다. 출자금통장은 1인 1,000만 원 한도로 높은 배당률(지점별 상이)의 장점과 배당소득세 15.4%가 전액 비과세된다. 배당금을 중간정산 받지 않고 만기를 연장하는 경우 원금과 배당금이 납입 한도인 1,000만 원을 넘더라도 비과세 혜택이 가능하기에 복리 예금과 비슷한 효과를 누릴 수 있다. 그러나 출자금 통장은 예금자보호법에 의해 보호받지 못한다는 단점이 있다.

예금자보호법에 따라 보호받지 못한다는 말은 투자 수익률에 있어서 원금을 보호받지 못하는 것이 아니라 금융기관 파산 시 예금자보호법에 따라 보호받지 못하는 것이다. 예금자보호법은 투자로 인한 원금 손실 가능성과는 별도 개념이며, 출자금통장에서 배당률이 마이너스가 된다고 하더라도 원금에 손실이 가는 결산은 발생하지 않는다.

주택청약종합저축통장 100% 활용하기

　주택청약종합저축통장은 아파트 분양 시 청약 자격을 얻기 위해 가입하는 통장으로 적금을 시작하지 않은 사회초년생도 재무설계 단계에서 우선순위로 만드는 필수 금융상품이다. 부동산 가격의 가파른 상승으로 내 집 마련이 어려워지면서 아파트 청약으로 내 집 마련을 꿈꾸는 이들이 늘고 있다. 청약에 당첨되는 일은 마치 그 확률과 가치가 로또와도 같아 '청약 로또'라고도 불린다. 청약을 신청하는 이유는 주거 안정이 목적이지만, 주택가격 상승의 시세차익을 노릴 수 있다는 것도 큰 장점으로 작용한다. 또한 연간 납입금액의 40%를 소득공제[8] 받을 수 있으며 주택청약 통장은 납입기간에 따라 디딤돌대출[9]에 연동되어 우대금리를 적용받을 수 있다.

[8]　총급여 7천만 원 이하, 무주택 세대주의 경우 연간 납입금액에 한해(연간 인정금액 240만 원) 최대 40% 소득공제(96만 원)가 가능하다.
[9]　민간주택담보대출보다 낮은 금리가 최장 30년까지 유지되는 상대적으로 소득 수준이 낮은 주택 구입자를 대상으로 한 정책 모기지 상품이다. 지원 대상은 부부합산 소득이 6,000만 원 이하인 무주택 세대주로 대출 대상 주택은 주거전용면적 85㎡ 이내로 평가액이 5억 원 이하인 주택만 가능하다.

청약통장은 1순위 조건을 충족해야 우선순위가 주어진다. 과거에는 활용 목적에 따라 주택청약10), 주택부금11), 주택예금12)으로 나뉘었으나 2008년 이후 주택청약종합저축으로 통합되었고 국민주택, 민영주택 모두 청약이 가능해졌다. 통장 개설은 현재 농협, 신한, 우리, 하나, 기업, 국민, 대구, 부산, 경남은행에서 가능하다.

1순위 조건은?

청약통장은 월 2~50만 원 자유롭게 납입이 가능하며(단 입금액과 납입액의 합이 1,500만 원 이하인 경우 50만 원 초과입금 가능), 1회 최대 납입 인정금액은 10만 원이다. 국민주택의 경우 납입 횟수가 1순위 조건에 반영된다. 매월 약정납입일에 월 납입금을 연체 없이 지역별 납입 횟수를 충족하게 되면 1순위 조건이 된다. 주택청약종합저축 통장에서 지역은 크게 다섯 가지로 분류하고 있는데 투기과열지구 및 청약과열지역, 수도권, 수도권 외 지역, 위축지역으로 나뉜다. 투기과열지구 및 청약과열지역은 24회 이상, 수도권 지역은 12회 이상, 수도권 외 지역은 6회 이상, 위축지역은 1회 이상이다.

---

10) 국민주택을 공급받기 위한 청약통장(2015년 9월 1일부터 신규가입 중단).
11) 주거전용면적 85㎡ 이하의 민영주택을 공급받기 위한 청약통장(2015년 9월 1일부터 신규가입 중단).
12) 민영주택을 공급받기 위한 청약통장(2015년 9월 1일부터 신규가입 중단).

> ### 국민주택 1순위 조건
>
> - 투기과열지구 및 청약과열지역: 24회
> - 위축지역: 1회
> - 투기과열지구 및 청약과열지역, 위축지역 외 수도권 지역: 12회
> - 수도권 외 지역: 6회 (다만, 필요한 경우 시·도지사가 수도권은 24회, 수도권 외 지역은 12회까지 연장 가능)

민영주택의 경우 가입 기간과 납입금을 1순위 조건에 반영한다. 투기과열지구 및 청약과열지구는 가입경과기간 2년 이상, 수도권 지역은 1년 이상, 수도권 외 지역은 6개월 이상, 위축지역은 1개월 이상이다. 납입인정 금액은 다음과 같다.

지역별 예치금액 및 조건

(단위: 만 원)

구분	서울/부산	기타 광역시	기타 시/군
85㎡ 이하	300	250	200
102㎡ 이하	600	400	300
135㎡ 이하	1,000	700	400
모든 면적	1,500	1,000	500

민영주택 1순위 조건(가입 기간)

- 투기과열지구 및 청약과열지역: 가입 후 2년이 경과한 분

- 위축지역: 가입 후 1개월이 경과한 분

- 투기과열지구 및 청약과열지역, 위축지역 외

- 수도권 지역: 가입 후 1년이 경과한 분 (다만, 필요한 경우 시·도지사가
  24개월까지 연장 가능)

- 수도권 외 지역: 가입 후 6개월이 경과한 분 (다만, 필요한 경우 시·도지사가
  12개월까지 연장 가능)

주택청약통장 가산점 제도

청약통장에는 무주택 기간, 부양가족 수, 청약통장 가입 기간에 따라 가산점을 부여한다. 민영주택은 투기과열지구 및 조정대상지역에서는 대부분 청약 가점으로 분양한다고 볼 수 있으며(청약가점제 적용비율 표 참조), 민영주택을 공급할 때 적용하는 청약 가점제는 총 84점이다. (반드시 1순위 조건 충족 + 청약 가산점 충족)

청약가점제 산정 기준

가점항목	가점구분	점수	가점구분	점수
무주택 기간 (32)	1년 미만	2	8년 이상~9년 미만	18
	1년 이상~2년 미만	4	9년 이상~10년 미만	20
	2년 이상~3년 미만	6	10년 이상~11년 미만	22
	3년 이상~4년 미만	8	11년 이상~12년 미만	24
	4년 이상~5년 미만	10	12년 이상~13년 미만	26
	5년 이상~6년 미만	12	13년 이상~14년 미만	28
	6년 이상~7년 미만	14	14년 이상~15년 미만	30
	7년 이상~8년 미만	16	15년 이상	32
부양가족수 (35)	0명	5	4명	25
	1명	10	5명	30
	2명	15	6명 이상	35
	3명	20		
청약통장 가입 기간 (17)	6개월 미만	1	8년 이상~9년 미만	10
	6개월 이상~1년 미만	2	9년 이상~10년 미만	11
	1년 이상~2년 미만	3	10년 이상~11년 미만	12
	2년 이상~3년 미만	4	11년 이상~12년 미만	13
	3년 이상~4년 미만	5	12년 이상~13년 미만	14
	4년 이상~5년 미만	6	13년 이상~14년 미만	15
	5년 이상~6년 미만	7	14년 이상~15년 미만	16
	6년 이상~7년 미만	8	15년 이상	17
	7년 이상~8년 미만	9		

* 무주택 기간은 만 30세부터 산정하며, 30세 이하에 결혼한 경우 혼인관계증명서에 혼인신고일로 등재된
날을 기준으로 무주택 기간을 인정한다.

청약가점제 적용 비율

지역	전용 85㎡ 이하	85㎡ 초과
투기과열지구	100%	50%
조정대상지역	75%	30%
기타	40% 이하	없음

　주택청약종합저축통장은 은행에서 판매하는 적금 상품보다 더 높은 이율이 적용된다. 이로 인해 이율적인 측면으로 간혹 청약통장에 무리하게 자금을 저축하는 경우가 있다. 청약통장은 말 그대로 청약을 목적으로 하는 통장이므로 반드시 목돈 자금 마련과는 별도로 준비해야 한다. 급하게 자금이 필요할 경우 보통예금은 입출금이 자유롭지만, 청약통장은 해지 시에만 가능하다. 만약 해지하게 된다면 그동안 쌓아왔던 통장 가입 기간에 따른 가산점을 처음부터 다시 채워야만 한다. 청약통장은 국민, 민영 주택 청약을 받기 위한 통장이며 이율이 높은 적금통장의 대체 수단이 아님을 기억해야 한다. 과도한 납입금액으로 무리하게 청약통장을 유지하기보다 납입 가능한 금액에 맞춰 1순위 조건만 맞추는 것을 추천한다.

이 통장은 저소득 무주택 청년의 주택구매 및 임차자금 마련을 위한 청약통장으로 만 19세 이상부터 만 34세 이하의 연 3천만 원 이하 소득의 무주택 세대주(세대주 예정자, 무주택 세대의 세대원 포함)가 대상이다. 우대금리를 적용하고 이자소득에 관한 비과세 혜택도 주어진다. 기존 청약통장이 있는 대상자라면 청년우대형 주택청약종합저축통장 전환 신청이 가능하다.

지원 내용

- 금리 우대: 신규 가입일로부터 2년 이상인 경우 납입원금 5,000만 원 한도 내 (단, 신규 전환한 경우 전환원금은 제외)에서 최대 10년간 우대금리 1.5% 적용
- 이자소득 비과세: 가입 기간 2년 이상 시 이자소득 합계액 500만 원, 원금 연 600만 원 한도로 비과세 혜택 적용
- 소득공제: 현 주택청약종합저축과 동일(무주택 세대주에 대해 연 240만 원 한도로 40%까지 소득공제 제공)

선정 기준

- **연령**: 만 19세 이상 ~ 만 34세 이하(단, 병역기간 최대 6년 인정)
- **우대금리**

  소득: 소득이 있는 자로 직전년도 소득이 3천만 원 이하인 자(근로소득, 사업소득 및 기타소득 인정)

주택: 무주택인 세대주, 무주택이며 3년 내 세대주 예정자, 무주택 세대의 세대원 중 하나에 해당하는 자(단, 세대주의 경우 3개월 이상 연속하여 유지하여야 함)

- **비과세 혜택**

소득: 직전년도 소득이 3천만 원 이하인 근로소득자, 종합소득금액이 2천만 원 이하인 사업소득자

주택: 무주택 세대의 세대주. 세대는 주민등록표상 본인, 본인의 직계 존·비속, 본인의 형제·자매, 배우자(세대분리된 경우 포함), 배우자(세대분리된 경우 포함)의 직계 존·비속

신혼부부 특별공급

2030 세대에게 청약통장의 가점제, 추첨제 모두 현실적으로 어려운 확률로 다가온다면 청약에 가장 가까워지는 방법은 바로 신혼부부 특별공급을 공략하는 것이다. 특별공급이란 정책적 배려가 필요한 사회계층 중 무주택자에게 일반공급과 청약 경쟁이 덜하게 분양을 받을 수 있도록 하는 제도로 이 중 신혼부부 특별공급은 혼인기간 7년 이내, 소득기준을 충족하는 무주택자의 경우 청약 대상자가 된다. 85㎡ 이하의 국민주택과 민영주택이 해당하며 투기과열지구 내 분양가 9억 원을 초과하는 아파트는 대상에서 제외하고 있다.

신혼부부 특별공급(국민주택, 민영주택)의 경우 가구당 월평균 소

득의 140%, 신혼부부 모두 소득이 있는 경우에는 160% 이하인 경우 가능하다(단, 신혼부부 모두 소득이 있는 경우에는 한 사람의 소득은 140% 이하여야 함).

월평균근로소득 기준은 해마다 변경되니, 신청 시 해당 기준을 반드시 참고해야 한다. 1순위 조건은 입주자모집공고일 현재 혼인관계에 있는 배우자와의 사이에서 출산한 미성년인 자녀가 있는 경우(임신 및 입양자녀 포함) 같은 순위에서 경쟁이 있는 경우 입주자 선정순서는 해당 주택건설지역의 거주자, 미성년 자녀 수가 많은 자(임신, 입양자녀 및 재혼한 경우 전 배우자와의 사이에서 출산한 자녀 포함), 미성년 자녀 수가 같은 경우 추첨 방식을 적용한다. 신혼부부특별공급 선정방법은 우선배정으로 전체 70%를 우선 공급하며, 경쟁이 있는 경우 1순위자에게 먼저 공급한다. 순위 내에서 경쟁이 있는 경우 배점 점수가 높은 순대로 공급, 점수도 같을 경우에는 추첨을 적용한다. 청약통장은 6회 이상 납부하고(통장 가입 기간 6개월 이상), 지역별 예치 금액에 상당하는 금액이 예치되어야 한다. 신혼부부 특별공급 조건은 가점이 중요하며 최대 13점 만점이며 세부 항목은 다음과 같다.

가구 소득	해당 세대의 월평균 소득이 전년도 도시근로자 가구당 월평균 소득의 80% 이하인 경우 1점 (배우자 소득이 있는 경우 100%)
자녀 수	3명 이상 3점, 2명 2점, 1명 1점
해당 주택건설지역 연속 거주 기간	3년 이상 3점, 1년~3년 2점, 1년 미만 1점
주택청약종합저축 납입 횟수	24회 이상 3점, 12회~24회 2점, 6회~12회 1점
혼인 기간	3년 이하 3점, 3년~5년 이하 2점, 5년~7년 1점

사실 2030 세대가 일반공급으로 청약에 당첨되는 것은 확률적으로 매우 어렵기에 조건에 부합하는 경우 신혼부부 특별공급을 공략하는 것이 유일한 희망이자 내 집 마련의 가장 빠른 지름길이 될 수 있다. 해당 대상자의 경우 반드시 신혼부부 특별공급은 반드시 공략하기를 적극 권유한다.

내 아이의 청약통장은 어떻게 준비해야 할까?

부모가 자녀의 청약통장을 서둘러 만들어주려는 이유는 조금이라도 더 일찍 가입해 자녀들이 성인이 되어 주택청약 시에 가점을 많이 받아 당첨되기를 바라는 마음일 것이다. 그러나 아쉽게도 미성년자의 주택청약종합저축통장 최대 가입 인정 기간은 2년, 회차당 인정금액은 10만 원으로 산정된다. 아무리 장기간 납입해도 2년(24회)만 인정된다. 그렇기에 미리 가입할 필요가 없으며 자녀가 만 17세일 때 최대 10만 원씩 24회를 납입해 주는 것이 가장 좋다. 그렇게 되면 자녀가 성인이 되었을 때 가점 기간인 17년 중 2년은 우선적으로 채우게 된다. 자녀 앞으로 청약통장에 저축 가능한 금액이 있다면 청약 저축이 아닌 펀드나 시총 상위 기업의 주식을 지속적으로 매수할 것을 추천한다.

과거의 청약통장(청약저축, 청약부금, 청약예금)은 명의변경을 통한 증여도 가능하기에 본인에게 청약통장이 불필요한 경우 자녀에게 증여를 할 수 있다. 이렇게 되면 가입 기간을 이어받아 청약 가점을 올릴 수 있고 납입 횟수와 저축 총액도 함께 이전된다. 단 무주택 기간은 본인에게 한정된다. 현재 우리가 개설 가능한 청약통장인 주택청약종합저축통장은 증여가 불가능하고 상속만 가능하다.

투자의 허브 CMA통장

투자를 시작한다면 가장 먼저 만들어야 하는 필수 통장이 바로 CMA통장이다. 증권사의 입출금통장으로 알려진 CMA통장은 그 자체로 수익이 발생하는 투자상품은 아니지만 투자하는 데 있어 허브로 매우 중요한 역할을 한다.

CMA통장은 은행의 입출금통장인 보통예금통장과 견줄 수 있다. 두 통장은 수시입출금이 가능한 통장이라는 공통점이 있으나 이율 적용 방식에 따라 차이점이 있다. 대게 급여통장으로 활용하는 은행의 입출금통장은 상품에 따라 분기별, 반기별 평균 잔고의 0.1% 내외 이율이 가산된다. 가끔 입출금내역을 확인하다 '결산이자'라고 하여 소액의 금액이 입금된 것을 확인한 적이 있을 것이다. 그러나 CMA통장의 경우 CMA 내에도 투자 대상과 상품 구조에 따라 RP, MMF, MMW형으로 나뉘지만 적립된 금액에 대해서 매일 매일 이자가 붙는다는 공통점이 있다. 즉, CMA는 매일 이자가 붙는 통장으로 RP형의 경우 1년 이자율을 365일로 나눈 수치가 예치된 금액에 확정 금리로 적용되어 이자가 가산되는 통장이다.

RP	환매부채권에 투자하여 약정 수익률에 따라 이자를 지급한다.
종금사RP	예금자 보호 상품, 원금과 안정적인 수익 보장한다.
MMF	단기국공채 등에 투자하는 실적배당형 상품이다.
MMW	한국증권금융 등 우량한 금융기관에 돈을 예치해 이자를 받는 안전성이 뛰어난 통장으로 일복리 투자 효과가 있다.

    CMA통장은 은행의 입출금통장과 비교되는 금융상품이며, 일반 예·적금 상품과는 비교 대상이 아니다. 고객과 재무 상담 시에 CMA통장에 저축하는 것이 은행 예·적금보다 더 높은 이율을 적용받는 줄 오인하는 경우가 종종 있으나 CMA통장은 수시입출금통장으로 확정기간 동안을 비교하면 은행의 예·적금 상품보다 낮은 이율을 적용받는다. 안전자산을 확보하기 위한 저축이라면 꾸준하게 정기적금을 선택하고, CMA통장은 여유자금을 비축하는 통장으로 활용하면 좋다.

    CMA통장의 활용 방법은 크게 두 가지로 나뉜다. 첫 번째로 CMA통장을 비상금 통장으로 사용하는 것이다. 은행 예·적금은 만기를 채우지 못한 채 해지하게 되면 예정된 이율을 적용받지 못한다. 누구에게나 예상치 못한 변수가 발생할 수 있는데, 이를 대비하여 CMA통장에 비상자금을 넣어두었다가 비상 시에 활용한다면 예·적금을 해지하는 손실 없이 만기까지 상품 유지가 가능하다. 지금 당장 사용할 목적은 없으나 인출 때까지 매일 CMA 이자를 적용받을 수 있기에 비정기적인 상여금, 성과급, 추가 수당 등의 여분 자산을 저축해 두기에 적합한 통장이다.

두 번째 활용법은 투자 상품을 운용하는데 중심축(허브) 역할로 사용하는 것이다. 투자에 있어서 가장 중요한 것은 여유자금의 확보이다. 재빠르게 변동하는 시황에 영향을 받는 주식, 펀드 등의 금융상품은 대응의 영역이지 예측의 영역이 아니다. 이것은 금융 관련 직종에 애널리스트Analist는 존재해도 프리딕터Predictor라는 직책이 존재하지 않는 것과 같다. 투자를 진행하는 단계에서는 생각지도 않은 대내외적 변수에 의해 손실이 발생할 수 있는데, 이때 가장 중요한 것은 적정 시점의 추가자금 활용이다. 추가자금을 활용하여 주식과 펀드의 매입 평균가격을 낮추면 목표 수익률에 더 빨리 도달할 수 있다. 예를 들어 삼성전자 1주를 10만 원에 매수하였고, 목표수익률을 30%인 13만 원으로 잡았다고 가정해 보자. 이후 주가 하락으로 인해 삼성전자가 1주당 가격이 5만 원이 되어, 한 번 더 매수를 진행하였다면 평균매입가는 75,000원이 되어 주가가 97,500원만 넘어도 수익률은 30%에 도달한다(1주씩 매수하였다고 가정).

CMA통장은 비상금 통장 또는 투자를 위한 안전자산을 임시로 예치할 수 있는 가장 적합한 통장으로 활용될 수 있으며, 투자 시에 총알자금이 되는 매우 중요한 역할을 한다. 아울러 우리는 아무리 투자 상품에 대한 확신이 있다 하더라도 늘 예기치 못한 변수가 존재하기에 무리하게 투자자금을 활용하지 말고, 고수익을 추구하는 투자 상품에는 반드시 함정 또는 위험이 존재하는 것을 주의해야 한다. 자금의 여유는 심리적 여유와도 직결되기에 안전자산과 위험자산의 비중 조절은 재테크를 시작하는 데 있어 가장 중요한 일이다. 여유자금이 없다면 처음부터 투자상품에 손을 대지 않는 것이 원칙이고, 투자자금이 적다면 그 내에서도 반드시 투자자금과 안전자산을 분리해야 한다.

급부상하는 비과세 만능통장 ISA, 개인종합자산관리 계좌

ISA 계좌는 정부가 국민에게 자산 형성의 기회를 제공하고자 다양한 금융상품(예·적금, 상장지수, 펀드, 리츠, 파생결합상품, 국내주식 등)을 한 계좌에서 운용할 수 있도록 만든 만능통장으로 은행, 증권사 등 금융회사에서 가입할 수 있는 통장이다. ISA 계좌 종류에는 투자할 상품을 투자자가 직접 선택하는 신탁형, 금융사의 모델포트폴리오 중 하나를 선택하면 금융사가 운용하는 일임형, 국내 주식에도 투자가 가능한 중개형으로 나뉜다.

기존 ISA 계좌는 비과세 충족기간(최소가입기간), 납입 한도 이월 여부, 운용상품 등의 제한적 사유에 의해 실효성문제로 관심을 받지 못했다가 2021년 세법개정안이 발효되어 급부상하는 금융상품이 되었다. 2021년부터 투자중개형 ISA 계좌가 판매되며 국내주식에도 투자가 가능하도록 투자 대상이 확대되었으며 세법개정안으로 ISA 계좌의 세금 혜택이 늘어났기 때문이다.

금융상품 유형	발생 소득	ISA 계좌	일반계좌
국내 주식 상장과 국내 공모 주식형 펀드	투자 이익 (매매, 환매)	통산 순이익 전액 비과세	금융투자소득(20%) (기본 공제 5천만 원)
	투자 순손실 (-) 시	통산 순이익에 대하여 · 200만 원 한도 비과세 (서민, 농어민 400만 원 한도) · 한도 초과분은 9% 저율과세	배당소득(14%)
	배당 이익 (주식 배당금 등)		
예·적금, 파생결합증권 등 기타 금융상품	투자 손익		금융투자소득(20%) (기본공제 250만 원)
	이자·배당이익		이자·배당소득(14%)

* 금융투자소득이 아닌 국내 상장주식의 배당금(배당소득) 등 일부 제외

　　금융투자소득세의 신설로 2023년부터 자본시장법상 금융투자상품 즉, 원금손실 가능성이 있는 증권과 ETF 등의 파생상품에서 양도, 상환, 해지된 모든 소득을 종합해서 세금을 부과하는 것으로 변경되었다. 그러나 ISA 계좌에서 발생하는 예·적금, 펀드, 파생결합상품 등의 기타 금융상품의 통산 순이익에 대해서는 200만 원까지 비과세되며, 한도 초과분은 9.9% 저율과세가 된다. 또한 연간 주식 매매 차익이 5천만 원을 넘는 경우 양도소득세 22%가 부과되는데 ISA 계좌에서 거래되는 매매차익은 전액 비과세가 된다. 즉 주식 매매차익 1억이 발생한 경우 기본 공제금액 5,000만 원을 제외한 5,000만 원에 대한 22% 1,100만 원의 세금이 ISA 계좌로 매매하는 경우에는 발생하지 않게 되는 것이다.

비과세 혜택 콘 ISA

2023년 금융투자소득세 도입 시, 국내 주식을 매매해 1억 원 수익을 거뒀다고 가정

일반 증권 계좌

최대 5,000만 원 기본 공제
5,000만 원은 22%(금융투자소득세+지방소득세)
세율을 적용

ISA 계좌

전액 비과세

세금 1,100만 원

세금 0원

출처: 금융위원회

    비과세 혜택을 받기 위한 ISA 계좌 최소가입 기간은 3년이며, 연간 납입 한도는 2,000만 원, 5년간 최대 1억 원까지 가능하다. 또한 원금에 한하여 인출이 허용된다. ISA 계좌로 당장 운용하지 않더라도 계좌를 먼저 개설하여 비과세 혜택 기간을 충족하는 것이 유리하다.

구분	2016년~2020년	2021년 이후
가입 기간	소득이 있는 국민	소득요건 폐지 (19세 이상 국내 거주자)
편입가능 상품	예적금, 공모펀드, MMF, 파생결합증권(ESL), 리츠	기존 편입 가능 상품에 '상장 주식' 추가
계약 방식	신탁형, 일임형	신탁형, 일임형, 투자중개형
운용 방식	5년(단축이나 연장 불가)	최소 계약 기간 3년 (3년 이상 설정 또는 계약 기간 연장 가능)
	납입한도는 연 2천만 원	납입한도는 연 2천만 원
	전년도 미납입분 이월 불가	5년 한도로 미납분 이월납입 허용
세제 혜택	이자·배당소득 손익통산 허용	이자·배당소득·주식 양도차손 손익통산 허용
	수익 비과세(200만 원 한도)	수익 비과세(200만 원 한도)
	수익 초과분 분리과세(9.9%)	수익 초과분 분리과세(9.9%)

PART 3.

주식, 나도 시작해 볼까?

본격적인 저성장 시대에 들어서면서 임금상승률에는 한계가 발생하고 대한민국은 본격적인 저금리 시대에 들어왔다. 은행이 알아서 돈을 불려주는 시대는 지나갔고 이제 한정된 자원으로 돈을 벌 수 있는 다양한 방법을 강구해야 하는 시대가 왔다. 고금리 시대에 은행의 예·적금만으로 높은 이자가 발생했던 과거와는 달리 돈이 돈을 벌게 해야 하는 부의 파이프라인을 직접 구상해야 하는 시대가 온 것이다.

돈을 벌기 위해서는 부자들의 부의 창출 방식을 배워야 한다. 세계적인 부자들의 공통점은 대부분 '주식 부자'이다. 대한민국 역시 마찬가지이다. 부자가 되기 위한 가장 안전한 방법은 바로 부자들의 투자 방법을 익히고 흉내 내는 것이다. 현시점 장기 수익률이 가장 높은 자산 또한 바로 주식이다.

기업은 물가와 함께 성장해 나간다. 여기서 우리가 기업의 가치에 직접적으로 투자하는 가장 쉬운 방식도 바로 주식이다. 주식 투자는 미래 성장 가능성이 큰 기업을 선정하고 주인(주주)으로 그 기업을 선점하는 행위이다. 투자 가치가 분명한 기업에 투자하여 나의 돈이 일하도록 하는 것이다. 주식은 매매 차익뿐 아니라 주가의 상승 여부와 관계없이 기업의 한 해의 잉여이익금을 주주에게 환원하는 정책의 일환으로 배당금을 지급하기에 주주들은 배당 차익 또한 누릴 수 있다. 배당률이 높은 고배당 기업들은 은행 예·적금 이상의 배당률을 지급하기에 안전한 배당 차익을 위한 투자로도 용이하다.

주식은 변동성이 높아 수익을 내기 어렵지만, 돈의 흐름과 시장의 배경을 이해할 수 있는 기초가 되고 가장 쉽게 접근할 수 있는 투자 방법이 되기도 한다. 주식은 부동산과 달리 유동성이 확보되어 재빨리 시장의 변화에 대응할 수 있고 돈의 흐름을 가장 빠르게 파악하는 수단이 된다. 주식은 기대와 우려를 선반영하기에 가장 먼저 돈의 흐름이 반영되고 주가의 움직임을 통해 돈의 흐름을 명확하게 볼 수 있다. 주식은 살아 있는 유기체와도 같아서 말 그대로 세상이 어떻게 흘러가고 있는지 보여주는 경제 지표가 된다. 따라서 주식은 경제와 투자를 익히고 배워 나가는 데 있어서 가장 우선순위로 접근해야 할 대상이다. 직접 투자를 하지 않는다고 하더라도 주가의 흐름과 주식 시장의 흐름은 반드시 살펴야 한다.

대표적인 고배당주 순위

기업명	기준 월	배당금(원)	배당률
서울가스	2020.12	16,750	12.14
한국패러랠	2020.12	235	11.58
리드코프	2020.12	800	8.87
유수홀딩스	2020.12	500	8.09
대신증권2우B	2020.12	1,200	7.69
대신증권우	2020.12	1,250	7.64
한국ANKO유전	2020.12	120	7.59
대동전자	2020.03	500	7.27
대신증권	2020.12	1,200	6.72
NH투자증권	2020.12	750	6.52
동아타이어	2020.12	800	6.45
메리츠증권	2020.12	320	6.44
동부건설	2020.12	900	6.43
이베스트투자	2020.12	550	6.31
신영증권	2021.03	4,000	6.26
이라이콤	2020.12	600	6.17
신영증권우	2021.03	4,050	6.16
정상제이엘에스	2020.12	430	6.05
에이리츠	2020.12	674	5.94

• 2020년 12월 기준 배당금, 배당수익률
• 네이버 금융 > 금융홈 > 국내증시 > 배당(대표적인 고배당주 확인 가능)

출처: 네이버 금융

주식 투자에 실패하는 이유?

"주식은 패가망신의 지름길이다." 주식 투자를 시작한다고 하면 주위에서 한 번쯤은 전해 들었을 이야기이다. 그러나 실제로 이 말과는 달리 세계적인 부자들은 대부분 주식 부자인데, 과연 이것을 어떻게 설명해야 할까?

주식 투자 실패에 사람들이 착각하는 것이 있다. 바로 투자 실패 원인을 '주식'이라는 대상에 돌리는 것이다. "아 역시, 주식은 하는 게 아니었어." 또는 "주식 때문에…"라며 말이다. 주식 투자에 실패하는 이유는 여러 이유가 있겠지만, 가장 근본적인 요인은 결국 자신을 통제하지 못했기 때문이다.

자신의 자산 비중 중(투자 기간, 시장의 불확실성을 고려하지 않고) 과도한 투자를 했거나, 빚을 내서 투자했거나, 기업에 대한 정확한 분석 없이 투자가 이루어졌거나, 누군가의 정보에 의해 본인 판단 능력 없이 투자를 했거나, 일확천금 등의 요행을 바랐다면 이 모든 것은 결국 투자 실패의 원인이 된다.

투자할 때는 전문가 및 지식의 의견을 전적으로 따르는 것이 아니라 반드시 본인이 투자 기업에 대한 투자 타당성을 인지하고 '납득할 수 있는 투자'를 행해야 한다. 올바른 주식 투자는 요행을 바라지 않고, 예·적금보다 높은 이자, 물가상승률 이상의 수익을 추구하며 느리더라도 천천히 안전하게, 꾸준히 투자해야 한다. 돈을 꾸준하게 잘 버는 기업이라면 기업의 성장성과 실체(실적)가 뒷받침된다면 결국 주가는 기업의 가치에 수렴한다. 이제 주식 투자는 저금리시대의 생존 수단으로 평생 우리와 상생해야 하는 존재이다. 결국 주식 투자는 단기 성과를 위한 단거리 계주가 아니라, 길고 긴 마라톤과도 같다.

기업 선정보다 중요한 산업 탐색

투자를 시작할 때 가장 먼저 만들어야 하는 습관은 매일 뉴스와 신문 구독을 통해 유의미한 정보를 받아들이는 것이고, 투자를 진행할 때 우선순위로 익혀야 하는 것은 시장의 전반적인 흐름을 파악하는 일이다. 아무리 좋은 기업이라도 대내외적 악재로 인해 시장 상황이 우호적이지 않게 된다면 주가의 흐름 또한 좋을 수가 없다. 이를테면, 코로나19와 같은 전 세계적인 전염병 악재가 발생한 경우 글로벌 금융에도 영향을 미쳐 세계적인 금융위기가 올 수 있다. 특히 글로벌 의존도가 높은 우리나라 주식 시장은 미국 증시의 하락, 중국 증시의 하락, 지정학적 리스크 등이 발생하면 주가가 흔들린다.

시장의 흐름을 파악한 다음 업황을 익혀야 하는데 업황은 쉽게 말해 산업군의 전반적인 흐름을 살펴보는 것이다. 한 회사에 개별적으로 미치는 호재(수주, MOU, 승인, 특허, 무상증자 등), 악재(유상증자, 임상 실패, 실적 악화, 기업 및 임원의 부정·부당 행위)의 요인으로 해당 기업의 주가 방향성이 결정될 수 있지만, 특정적인 요인이 발생하지 않는 한 대부분 주가는 사업 전반에 걸쳐 움직이는 경향이 있다. 즉, 건설 경기가 좋다면 대부분의 건설주는 상승하고, 여행 성수기의 상황으로 여행업의 소비가 늘어나면 관광 관련 기업들의 주식이 상승한다.

금리 인상이 예고된다면 예대마진으로 수익을 내는 은행과 보험 관련주가 상승하고 시장에 위엄성 있는 존재가 특정 산업군을 지지하거나, 연구개발 및 육성 관련 정책들을 계획한다면 관련 기업들이 상승한다. 아무리 좋은 기업도 산업군 자체에 악재가 발생하거나 시장 전반의 흐름이 부정적이라면 개별 기업의 주가는 하락할 가능성이 높다. 그렇기 때문에 투자를 시작할 때는 좋은 기업을 발굴하는 것보다 우선 시장의 전반적인 흐름을 보는 눈을 익혀야 한다. 항상 개별 기업 위에 산업군의 흐름을 살피는 것, 그리고 그보다 먼저 시장의 상황을 살필 것을 기억하자. 시황 > 업황 > 기업의 순으로 투자에 접근해야 한다.

일상 속 투자기업을 선정하라

주식은 현시대의 라이프스타일을 고스란히 반영하고 있고, 시장의 상황을 뚜렷하게 볼 수 있는 지표이다. 그렇기에 주식은 다른 금융상품에 비해 유난히 우리의 삶과 밀접하게 연관되어 있다. 그 말은 곧, 투자를 어렵게 생각하는 것이 아니라 투자의 대상을 우리 일상 속에서 충분히 선정할 수 있다는 이야기이다. 예를 들어, 내가 새로운 차를 구매했는데 다양한 부분에서 부족함 없이 만족스럽거나 타 브랜드보다 경쟁력 있는 자동차라는 생각이 들고, 동일 차량 구매자들의 여론 또한 우호적이라면 해당 자동차 회사에 투자해 볼 수 있다. 선풍적으로 인기를 누리는 식음료를 제조한 회사나, 연예인이 소속되어 있는 엔터테인먼트 기업에 투자할 수도 있다.

또한 아침에 눈을 떠서 자기 전까지 내가 만지거나 접하는 필수 물건을 생산하는 회사나 그 물건에 들어가는 필수 소재, 부품, 장비 등을 생산하는 기업에 대해서도 생각해 볼 수 있다. 대중들이 가장 많이 활용하는 플랫폼을 보유한 기업도 후보에 올릴 수 있다. 여기에서 일상생활 투자의 전제 조건은 나만의 생각이 아닌 반드시 대중의 공통적인 생각과 의견(객관적 지표를 활용)이 반영되어야 한다. 일상에서 이어진 생각을 통해 산업의 흐름을 파악한 다음, 기업을 발굴하고, 기업에 대한 기본적(재무제표), 기술적(차트 기법) 분석 후 투자를 하는 것을 권유한다.

투자 전 반드시 참고해야 할 재무제표

    재무제표는 기업의 재무상태를 파악하기 위한 재무 보고서로 좋은 기업을 선정하기 위해 참고할 수 있다. 그러나 좋은 재무제표를 가지고 있다고 해서 즉시 주가의 상승으로는 이어지지 않는다. 재무제표는 좋은 기업보다 나쁜 기업을 골라내는 데 활용하는 지표로 삼는 것이 좋다. 가장 기본적으로는 매출액과 영업 이익이 꾸준하게 늘어나고 있는 회사를 좋은 기업이라고 이야기한다.

    그러나 재무제표만 전적으로 의존하면 안 되는 이유가 있다. 연구개발 비용, 사업 다각화 등의 장기간에 걸쳐 선투자가 먼저 이루어진 기업이라면 향후 성장성을 기대하지만 표기되는 재무의 상황은 좋지 않을 수 있기 때문이다. 재무제표를 비교할 때는 전혀 성격이 다른 두 가지 산업군을 가지고 우위를 논할 것이 아니라 같은 사업의 기업별로 지표를 비교하는 것이 적당하다.

    기업의 재무제표를 파악하고 좋은 기업을 선정하되, 기업이 지닌 내재적 가치와 시장에서의 평가, 미래 가치를 종합적으로 살펴야 한다. 기업의 공시 및 재무제표는 금융감독원 전자공시시스템(dart.fss. or.kr)에서 확인할 수 있다.

매출액	상품의 매출 또는 서비스 제공에 대한 수입금액이다.
영업이익	기업이 순수하게 영업을 통해 벌어들인 이익이다.
당기순이익	일정 기간의 순이익이다.
영업이익률	매출액에 대한 영업이익 비율, 영업활동의 수익성이다.
ROE Return on equity	자기자본이익률. 투자한 자신의 자본이 얼마만큼의 이익을 냈는지 나타내는 지표로 (당기순이익/자기자본)×100의 공식으로 산출된다. 기업이 자본을 활용해 1년간 얼마나 벌어들이는가를 나타내 경영 효율성을 보여준다. ROE가 10%이면 10억 원의 자본을 투자했을 때 1억 원의 이익을 냈다는 것을 보여주며 ROE가 높다는 것은 보유 자본보다 당기순이익을 많이 낸 기업이 효율적인 영업활동을 했다는 것으로 해석된다. 3년 동안 15% 이상을 지속적으로 내는 회사를 좋은 회사로 볼 수 있다.
부채비율	기업의 자산 중 부채가 차지하는 비율. 타인자본 의존도를 나타내는 지표로 낮을수록 좋다. 일반적으로 100% 이하를 표준비율로 보고 있는데 부채비율이 50% 이하의 경우 매우 좋은 회사로 볼 수 있다.
유보율	영업활동에서 생긴 이익인 이익잉여금과 자본거래 등 영업활동이 아닌 특수거래에서 생긴 이익인 자본잉여금을 합한 금액을 납입자본금으로 나눈 비율이다. 즉 기업이 동원할 수 있는 자금량을 측정하는 지표로 쓰인다. 유보율은 높을수록 좋은데, 유보율이 1,000 이상이면 매우 좋은 회사로 볼 수 있다.
EPS	주당 순이익. 1주당 이익을 얼마나 창출하였는지를 나타내는 지표로 높을수록 투자 가치는 높다고 판단한다.

PER	주가가 1주당 수익의 몇 배가 되는가를 나타낸 지표로 주가를 1주당 순이익으로 나눈 것이다. 어떤 기업의 주식 가격이 10,000원이고 1주당 수익이 1,000원이면 PER는 10이 된다. 즉, 해당 기업의 순이익이 주식 가격보다 크면 클수록 PER는 낮게 나타난다. PER가 낮으면 이익에 대해 주가가 낮다는 것이므로 그만큼 기업 가치에 비해 주가가 저평가돼 있다는 의미로 해석할 수 있다. PER 10 이하일 경우 저평가 주로 분류할 수 있지만, PER는 특히나 업종별 상대적 비교가 필요하다.
BPS	주당 순자산가치. 기업의 순자산을 발행 주식 수로 나눈 수치로 주당 순자산이 크면 클수록 좋다. 현재 주가보다 BPS가 높은 경우 현재 시점을 저평가로 판단할 수 있다.
PBR	주가순자산비율(주가·주당 순자산가치). 주가와 1주당 순자산을 비교하여 나타낸 비율이다. 만약 PBR이 1이라면 특정 시점의 주가와 기업의 1주당 순자산이 같은 경우이다. 수치가 낮으면 낮을수록 해당 기업의 자산가치가 증시에서 저평가되고 있다고 볼 수 있다.

✔ 기업에 대한 관심 신호, 거래량

아무리 좋은 기업이라도 시장에서 그 기업에 대한 관심을 주지 않는다면 주가는 상승할 수 없다. 거래량은 거래소 안에서 매매된 주식 수를 뜻하며 거래량이 많다는 것은 활발히 주식 매매가 이루어진 것으로 시장의 관심을 받는 기업으로 표현할 수 있다. 주식 시장에서 거래량이 늘어나면(거래량이 실린 양봉13)의 경우) 본격적인 주가 상승의 신호탄으로 판단할 수 있으며 실제 단기 주식 투자자들이 가장 많이 참조하는 투자 지표이기도 하다. 흔히 바닥권에서 거래가 폭발하여 양봉이 세워진 경우 상승 전환의 계기로 보며, 고점 부근에서 거래가 폭발하며 음봉14)이 세워진 경우 하락 전환의 계기로 인식하기도 한다. 거래량은 주식 가격을 표기하는 차트와 별도로 빨간색 파란색으로 표시되며 빨간 기둥은 전일 대비 거래량이 상승한 경우, 파란 기둥은 전일 대비 거래량이 하락한 경우를 뜻한다. 또한 기업별 유통 가능 주식 수량이 달라 거래량은 상대적인 개념으로 접근해야 하기에 해당 기업의 평균 거래량보다 눈에 띌 만큼 높은 거래량이 발생한 경우 '거래량이 터졌다' 혹은 '많다'라고 표현한다. 관심을 두고 있는 기업이 있다면 거래량이 본격적으로 들어오는 시점부터 기업에 대한 매수 타점을 노려볼 것을 추천한다.

13) 빨간색캔들(시가보다 종가가 높게 형성). 양봉과 음봉의 의미는 시가를 기준으로 결정된다.
14) 파란색캔들(시가보다 종가가 낮게 형성).

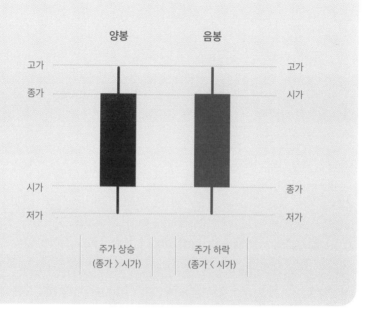

캔들의 종류

양봉   음봉

고가	고가
종가	시가
시가	종가
저가	저가

주가 상승   주가 하락
(종가 > 시가)   (종가 < 시가)

첫 주식 투자가 무섭다면 공모주 청약 노리기

어떤 기업의 주식이 증권시장에서 공식적으로 거래되기 위해서는 우선 '상장'이라는 과정을 거쳐야 한다. 기업이 주식을 상장하는 방법 중 가장 많이 사용하는 방법으로는 IPO인데 IPO는 'Initial Public Offering'의 약자로 우리나라 말로는 기업공개라고 한다. 즉, 외부 투자자가 공개적으로 주식을 살 수 있도록 기업이 자사의 주식과 경영 내역을 시장에 공개하는 것이다. 공모주 청약이란 바로 IPO 기업이 증권거래소에 상장되기 전, 투자자가 공모주식을 사겠다고 신청하는 행위로 대게 공모주 발행가(공모가)는 증권거래소에 상장된 후 예상되는 가격보다 비교적 낮게 책정되는 경우가 많기 때문에 공모주 청약의 수요가 클 때가 많다.

하지만 공모가보다 주가가 내려가는 경우도 종종 발생하기에 무조건적인 것은 아님을 주의해야 한다. 공모청약을 쉽게 설명하자면 주택청약에 비유해 볼 수 있는데, 아파트가 지어지기 전 분양을 통해 아파트 매입을 원하는 투자자(거주예정자)에게 청약을 통해 아파트 공급을 확정하고 아파트가 완공되면 대개 아파트의 가격이 청약공급가격보다 높아지는 것에 견주어 볼 수 있다. 공모주 투자는 형성 공모가보다 상장 후 주가가 상승하는 경우가 많아 원금 손실을 꺼리는 투자자들이 활용하고 있는 투자방법이기도 하다. 주식 투자에 대한 관심과 함께 공모주 청약 열풍은 점점 뜨거워지고 있다. 과거에는 청약을 받기 위한 증거금에 비례하여 주식 수를 배정했지만, 2021년부터 공모청약 균등제가 도입되면서 최소 증거금만으로도 균등배분 물량을 받는 것이 가능해졌다.

성공적인 공모청약을 위해서는 청약 전 반드시 살펴봐야 할 필수 요소가 있는데 그것은 바로 기관투자자의 수요 예측이다. 수요 예측이란 일반청약자들이 청약하기 전 기관투자자들이 참여하여 공모가를 결정하는 단계로, 여기서 기관투자자들의 경쟁률이 높고 의무보유 확약비율이 높으면 좋은 결과가 이어질 것으로 기대해 볼 수 있다. 개인투자자에 비해 정보력이 월등한 기관투자자의 경쟁률이 높다는 것은 기업의 상장후 성장 가능성(주가상승)을 높게 보고 있다는 것이며, 기관투자자가 일정 기간 공모주를 팔지 않기로 약속하는 의무보유 확약비율이 높을수록 단기에 급락할 가능성이 크지 않다. 또 책정된 공모가를 통해 기업의 저, 고평가 논란을 살펴볼 수 있다. 아울러 상장 당시에 일시적인 퍼포먼스를 낼 수 있는 기업보다, 향후 지속적인 성장 가능성이 높은 기업에 투자하는 것 또한 공모주 청약의 좋은 전략이 될 수 있다.

공모청약 성공 투자 전략

- 기관경쟁률이 높을수록!
- 의무보유확약비율이 높을수록!
- 유통가능물량이 적을수록!
- 밴드 상단에 공모가가 결정될수록!

기관투자자 대상 수요예측 결과 확인 방법

① 금융감독원 전자공시시스템(dart.fss.or.kr) 접속

② 회사명 입력, 기간 설정 후 발행공시 선택

③ 수요예측 후 제출되는 정정 투자설명서 클릭

④ 제1부 모집 또는 매출에 관한 사항

⑤ 모집 또는 매출에 관한 일반사항

⑥ 공모가격 결정방법에서 내용 확인

✔️ 주식 투자 ETF로 시작하라

　ETF란 'Exchange Traded Fund'의 약자로 펀드를 거래소에 상장시켜 투자자들이 주식처럼 편리하게 거래할 수 있도록 만든 상품이다. 한마디로 주식처럼 매매가 가능한 펀드로 이해할 수 있는데, 주식 투자를 처음 시작하는 투자자들이 투자 기업을 선정하는데 어렵지 않게 다가설 수 있도록 선택하는 대상이 되기도 한다. ETF는 말 그대로 펀드이기 때문에 기업 한 가지 종목을 선택하는 것이 아니라 ETF가 추종하는 산업 섹터별, 지수에 종합적인 투자가 가능하다. 또 금, 원유, 원자재 같은 상품 선물에 투자하는 ETF도 존재하는데, 원자재 ETF는 이들의 가격을 추종하는 펀드로 해석할 수 있다. 예를 들어 금 가격을 추종하는 골드 ETF의 경우 골드의 가격 변동 폭에 따라 수익률이 변동된다. '금'이라는 원자재를 직접 귀금속 거래소에서 사고팔 때 드는 중간 수수료가 발생하지 않기에 투자 대상 가격을 그대로 반영하여 투자 수익률을 올리는데 더욱더 매력적일 수 있다. 또 수수료 측면에서도 일반 펀드에 비해 낮은 편이다.

　다양한 기업들을 매수하고 싶으나 자금적 한계로 매수할 수 없는 투자자 입장에서 소액으로 매수 가능한 ETF를 활용하면 매수하고자 하는 기업들이 담긴 ETF로 종합 매수가 가능하다. 즉 ETF는 펀드처럼 소액으로도 다양한 기업에 분산 투자하는 효과를 얻을 수 있다. 여기에 펀드보다 ETF를 활용하는 경우 즉각 증권거래소 개장 시간 내 매도가 가능하여 펀드와 달리 매도하는 시점과 매도 적용 기준일이 다르지 않기에 실시간 매매로 대응이 가능하다는 장점이 부각된다. 또, 돈이 들어오는 섹터와 시황의 전반적인 흐름을 한눈에 파악하기에도 용이하며 개별 기업에 투자하는 것보다 시황이나 업황의 흐름을 더 잘 읽는 투자자의 경우 ETF의 활용 가치는 더욱더 높아진다.

마지막으로 ETF는 투자 대상이 마이너스인 경우에도 반대로 수익을 낼 수 있는 구조인 인버스 형 상품이 존재하여 시장의 양 방향성 수익 추종이 가능하며, 투자 대상의 수익률의 2배수를 추종하는 상품도 존재한다.

ETF 종류

KODEX 200TR	TIGER 글로벌4차산...	KODEX 200
278530	275980	069500
KODEX MSCI Kore...	TIGER CD금리투자...	KODEX 단기채권
278540	357870	153130
TIGER 단기통안채	KBSTAR 국고채3년...	KODEX 200선물인...
157450	282000	252670
KODEX 인버스	KBSTAR KIS단기종...	TIGER 200
114800	385550	102110
KBSTAR 200	KINDEX 중국본토C...	KODEX 삼성그룹
148020	168580	102780
TIGER 200 IT	KODEX 골드선물(H)	KODEX 단기채권PL...
139260	132030	214980
ARIRANG 200	KODEX WTI원유선...	KODEX 종합채권(A...
152100	261220	273130
KODEX 코스닥150 ...	KBSTAR 단기통안채	KODEX 레버리지
233740	196230	122630
KODEX 2차전지산업	KODEX 반도체	TIGER 차이나전기차...
305720	091160	371460
TIGER 미국나스닥100	TIGER 미국S&P50...	TIGER TOP10
133690	143850	292150
TIGER KRX2차전지...	HANARO 200TR	KODEX 200TR
364980	332930	278530

* KODEX: 삼성자산운용, TIGER: 미래에셋자산운용, ARIRANG: 한화자산운용, KBSTAR: KB자산운용,
  HANARO: 하나자산운용, KINDEX: 한국투자자산운용

ETF의 명칭은 자산운용사 + 투자 대상 순이다. 예를들어 KODEX 2차전지의 경우 KODEX 삼성자산운용사가 만든 2차전지 ETF로 해석할 수 있다. 일반 ETF에 비해 레버리지 ETF는 선물[15] 등 파생상품에 투자해 지수보다 높은 추익을 추구한다. 통상 같은 종류의 ETF의 경우 2배수 이상의 수익을 추구한다. 인버스 ETF는 해당 지수의 가격이 올라야 수익을 거두는 ETF와는 정반대로 해당 지수의 가격이 내려야 이익을 거둘 수 있는 상품이다. KOSPI ETF와 KOSPI 인버스 ETF는 각각 코스피 지수가 1% 상승할 때, 1%, -1%의 수익을 발생시킨다. 구성종목은 HTS, MTS, 자산운용, 증권사, NAVER 증권을 통해 쉽게 확인할 수 있다.

ETF 구성

- KODEX 삼성그룹: 삼성자산운용에서 만든 삼성그룹주에 투자하는 ETF

구성족목(자산)	주식수	비중
삼성SDI	365	25.81%
삼성전자	3,079	23.07%
삼성바이오로직스	119	10.11%

15) 파생상품의 한 종류로 선매후물(선 매매, 후 물건 인수·인도)의 거래 방식을 말한다. 즉, 상품이나 금융자산을 미리 결정된 가격으로 미래 일정 시점에 인도, 인수할 것을 약속하는 거래이다.

삼성물산	698	9.43%
삼성전기	391	7.17%
삼성화재	224	4.59%
삼성생명	603	4.34%
삼성에스디에스	239	4.16%
삼성엔지니어링	1,084	2.42%
호텔신라	217	1.94%

추천 ETF

나스닥은 장기적으로 가장 올곧게 상승하는 대표적인 미국의 성장주들이 상장되어 있는 증권거래소 시장으로 나스닥 지수를 추종하는 대표적인 ETF로는 QQQ(INVESCO QQQ TRUST)가 있다. 또 나스닥 지수를 3배 추종하는 TQQQ(PROSHARES ULTRAPTO QQQ)도 존재하고 있다. 미국의 증권 시장은 장기간 박스피에 갇혀 있던 국내 시장과 변동성이 높은 개발도상국의 시장과는 달리, 가장 안정된 흐름으로 장기 우상향한다는 전제하에 QQQ를 장기적으로 투자해 나가길 추천한다. 언제 매수해도 문제가 되지 않고, 자녀 앞으로도, 미래 연금 재원으로도 장기적인 관점에서 안전과 수익 모두를 보증받을 수 있는 대표적인 ETF로 볼 수 있다. 같은 맥락으로 S&P500 지수에 투자하는 ETF도 볼 수 있다(SPDR S&P500, ISHARES CARE S&P500 등이 존재). QQQ는 해외주식으로, 달러로 환전 후 해외주식에서(뉴욕증권거래소) 매수가 가능하다.

QQQ 10년 차트

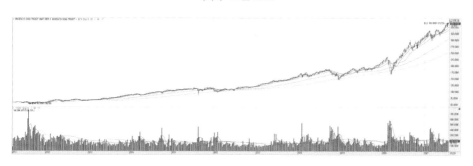

TQQQ 6년 차트

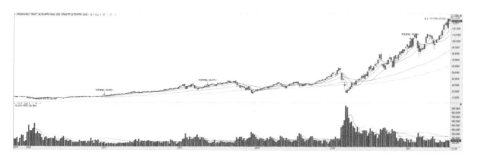

QQQ의 구성 종목

1	APPLE INC	11%
2	MICROSOFT CORP	9.82%
3	AMAZON.COM INC	8.35%
4	FACEBOOK INC	4.01%
5	ALPHABET INC	3.53%
6	TESLA INC	3.9%
7	NVIDA CORP	3.65%
8	PAYPAL HOLDINGS INC	2.51%
9	ADOBE INC	2.05%

쉽게 알아보는 주식 용어

예수금	현재 주식 통장에 입금한 돈. 보유 중인 현금(=주식을 구매할 수 있는 돈)이다.
증거금	본인 주식을 매매할 경우 필요한 보증금이다.
미수금	본인이 주식 통장에 보유 현금보다 더 많이 구매하게 할 경우 생기는 금액. 기간 내에 미수금을 갚지 못할 경우 자동으로 미수금만큼 보유주식 증권사에서 매도하여 미수금을 갚는다. 이를 '반대매매'라고 한다.
코스피	우리나라를 대표하는 기업. 수익률이 낮은 편이나 안정적 투자 가능하다.
코스닥	우리나라의 중소기업. 수익률이 높을 수 있으나 코스피보다 등락률이 커 위험성이 높다.
상한가	주식 가격의 하루 최대 상승률(30%)을 말한다.
하한가	주식 가격의 하루 최대 하락률(-30%)을 말한다.
시가	오전 9시 기준으로 하루 시작되는 가격이다.
종가	오후 15시 30분 기준으로 하루 종료되는 가격이다.
매수	주식을 사는 것이다.
매도	보유 주식을 파는 것이다.
시간외거래	15시 40분부터 18시까지(2시간 20분)이다.
시간외종가매매	시간종가매매 및 경쟁대량매매는 오전 7시 30분부터 8시 30분까지(1시간). 정규매매시간 종료 후 및 장개시전 일정 시간 동안 당일종가로 시간우선의 원칙만 적용하여 매매거래를 성립시키는 제도이다.
시간외단일가매매	장종료 후 일정 시간 10분단위 단일가매매를 통하여 당일종가 +, - 10%이내의 가격으로 매매를 성립시키는 제도이다.

익절	본인이 이익을 보고 매도하는 행위다.
손절	본인이 손해를 보고 매도하는 행위다.
투매	주가가 급락함에 따라 두려움을 느끼고 싼값에 무조건 팔아버리는 행위이다. 투매에서 매도하게 되면 추가적으로 더 크게 하락할 수 있다.
뇌동매매	분위기에 휩쓸려 기준없이 매수, 매도하는 것이다.
우량주	보통 시장의 블루칩이라 칭하며 업적과 경영 상태가 좋고 수익, 성장성, 배당률이 높은 회사의 주식을 말한다.
세력주	'작전주'라 지칭되며 어떠한 세력이 그 종목에 대해서 직접적인 관리를 하고 세력이 주가를 조정하는 종목이고 매집과 횡보를 거쳐 막대한 시세차익을 만들어낸다.
급등주	최근에 2배, 3배 이상으로 오른 주식을 말하며 오르는 기세가 있기 때문에 계속 오를 가능성이 크지만 언제 떨어질지 알 수 없는 종목이다.
테마주	주식시장에서 새로운 사건이나 현상이 발생해 증권시장에 큰 영향을 주는 일이 발생할 때 이런 현상에따라 움직이는 종목군이다.
대장주	테마를 이룬 업종으로 주식 중 가장 크게 상승추가로 더 상승할 가능성이 높은 주식이다. 향후 테마가 돌고 돌아 다시 찾아오면 가장 먼저 움직이는 주식을 선도하는 종목이다.
증자	회사가 주식을 발행하여 자본금을 늘리는 것을 말한다. 신주발행(자기자본의 조달)차입금 혹은 사채(타인자본의 조달) 두 가지 방법이 있다.
감자	주식회사가 주식수 또는 주식금액을 줄이는 방식으로 자본금을 줄이는 것을 말한다. 주식의 액면금액을 감소, 주식소각, 주식병합으로 주식의 수를 줄이는 방법이 있다.
선취매	어떤 호재 등의 요인에 의하여 주가가 상승하리라고 예상하는 경우 그 주식을 남보다 앞질러 매입하는 것이다.
선도매	강세국면 또는 보합국면에 있던 주가가 어떤 악재 등의 요인에 의하여 주가가 하락할 것으로 예상하는 경우 남보다 앞서 파는 것을 말한다.

순환매	증시에서 어떤 종목에 호재가 발생하여 투자자가 몰려 주가가 상승하게 될 경우, 그 종목과 연관성이 있는 종목도 주가가 상승하게 된다.
개인투자자	개인투자자를 말한다. 줄여서 '개미'라고도 말한다.
기관투자자	회사를 설립해서 투자를 한 사람들로 은행, 증권회사, 기관, 법인 등이 있다. 줄여서 '기관'이라고 한다.
외국인투자자	외국 자본과 외국 기업이 투자하는 것을 말한다. 줄여서 '외인'이라고 한다.
HTS	홈 트레이딩 시스템 개인용 컴퓨터에서 주식을 사거나 팔 수 있는 시스템이다.
MTS	휴대폰에서 주식을 사거나 팔 수 있는 시스템이다.
시가총액	발행주식수에 주가를 곱한 금액이다. '시총'이라고 줄여서 부른다.
호가	희망하는 가격. 즉, 주식을 사고 싶은 가격(매수호가)과 팔고 싶은 가격(매도호가)에 걸어두는 것이다.
고가	장 중 최고 가격이다.
저가	장 중 최저 가격이다.
보합	주가가 오르거나 내리지 않고 변동이 없는 상태다.
캔들	주가의 움직임을 봉 형태로 만들어 놓은 것이다.
양봉	주가가 시가보다 상승으로 마무리하는 것을 봉 형태로 만들어 놓은 것이다.
음봉	주가가 시가보다 하락으로 마무리하는 것을 봉 형태로 만들어 놓은 것이다.
점상	장이 시작하자마자 상한가로 마감하는 것이다.
점하	장이 시작하자마자 하한가로 마감하는 것이다.
연상	상한가가 연속으로 발생하는 것이다.
갭상승	주가가 급등하면서 갭을 발생하며 상승하는 것이다.

갭하락	주가가 급락하면서 갭을 발생하며 하락하는 것이다.
단타매매	짧은 기간 안에 주식을 매매 하는 것. 초단타, 데이트레이딩, 단기매매가 있다.
스윙매매	1일 이상으로 보유하는 것이다.
중장기매매	매수 후 몇 개월 뒤 매매하는 것이다.
배당	기업이 발생한 이익을 주주들에게 배분하는 것이다.
물타기	손실 중인 종목이 하락했을 때 추가매수를 하여 평균 단가를 낮추는 방법이다.
홀딩	보유 주식이 오르거나 내려도 매도하지 않고 기다리는 것이다.
관리종목	영업실적 악화 등의 사유로 부실이 심한 종목이 상장 폐지 우려가 있어 관리 종목으로 지정하여 투자자들에게 유의하도록 하는 제도이다.
상장폐지	상장된 주식이 자격을 상실해서 상장 가격이 취소되는 것이다.
조정	주가가 상승하다가 잠깐 횡보 또는 하락하면서 숨고르기를 하는 것이다.
미수거래	보유 금액보다 초과해서 주식을 매수할 수 있는 제도로 3일 기한이 있다.
신용거래	증권회사에 일정의 보증금을 지불하고 주식매수대금을 빌려 주식 투자하는 것이다.
우선주	이익의 배당 또는 기업의 해산 시 보통주에 우선하여 받을 수 있는 주식 종목이름 옆에 '우'라는 글자 들어간다. 배당금을 노려 장기 투자로 높은 배당금을 받을 수 있으나 거래량이 많이 낮다. 변동성이 클 경우 큰 수익을 주기도 하지만 큰 손실이 될 수 있다.
보통주	일반적으로 거래하는 주식을 말하며 의결권이 있다.
정리매매	거래소에서는 상장폐지가 확정된 종목의 주식을 소유하고 있는 주주에게 환금할 기회를 주기 위하여 매매거래일 기준으로 7일 동안만 매매를 허용하는 제도이다.

일봉	하루 동안의 변화 그래프이다.
주봉	일주일간의 변화 그래프이다.
월봉	한 달간의 변화를 보는 그래프이다.
이동평균선	과거의 평균 수치를 기준으로 해서 현재와 미래예측을 도와주는 평균선이다.
윗꼬리	장중에 크게 상승을 하였다가 매도세에 밀려 주가가 하락해 긴꼬리를 남기는 것이다.
골든크로스	단기 이동평균선이 중장기 이동평균선을 아래에서 위로 돌파해 올라가는 현상이다.
데드크로스	단기 이동평균선이 장기 이동평균선 아래로 떨어지는 현상이다.
VI(변동성완화장치)	체결가격 기준 2~6% 이상 급등 또는 하락 시 2분간 단일가 매매로 전환하는 것이다.
정적 VI	전일종가기준 10% 이상 주가 급등 또는 하락 시 2분간 단일가 매매로 전환된다.
사이드카	시장 상황이 급변 할때 프로그램 매매의 호가 효력을 일시적으로 제한한다. 프로그램 매매가 주식 시장에 미치는 충격을 완화하고자 하는 제도이다.
서킷브레이크	주가가 일정 수준 이상 급락하는 경우 시장에서 모든 매매 거래를 일시적으로 중단하는 제도이다.
주포	해당 종목의 주식을 대량 보유하여 주가를 움직일 수 있는 사람이다.
총알	예수금을 쉽게 부르는 용어이다.
존버	매수한 주식이 하락해도 나가지 않고 버티는 상태를 말한다.
물리다	매수한 평균단가보다 호가가 낮을 때 팔지도 못하고 있는 상태이다.
개미털기	세력이 주가를 하락시켜 개인투자자들의 물량을 다 털어내는 것이다.

상따	20% 이상에서 따라 들어가는 것. 혹은 다음 날 추가 상승을 기대하고 상한가에 따라 들어가는 것이다.
하따	반등을 기대하고 하한가 직전에 따라 들어가는 것이다.
투매	보유한 주식이 하락하여 공포를 조성하는 행위이다.
종배	하루 동안 주가의 변화를 보고 장이 끝나기 직전에 매수하는 매매법이다.

PART 4

적금 대신 펀드하세요

주식과 펀드의 차이점에 대해 물으면 대부분 주식은 직접투자이고, 펀드는 간접투자라고 말한다. 맞는 말이지만 그것은 단순히 '투자 방식'에 대한 답변이다. 주식은 한 가지 기업을 선택해서 그 기업의 주주로서 그 기업의 가치에 직접 투자하는 행위로 '삼성전자', '현대자동차' 등의 기업에 투자하는 것을 의미하며, 펀드는 특정 주제에 의해 분류된 그룹으로 표현할 수 있다. 말그대로 펀드는 펀드매니저가 특정 카테고리를 정하고, 그 카테고리에 적합한 대상들만 모아놓은 집합체이다.

　　예를 들어 '국내 헬스케어펀드'라고 하면 '셀트리온'이라는 한 가지 기업에 투자하는 주식과는 달리 국내에 상장한 제약, 바이오 등 펀드가 투자하는 기업 전반(삼성바이오로직스, 셀트리온, 종근당, 녹십자, 한미약품 등)에 투자하는 금융상품이다. 결과적으로 펀드에 투자한 금액은 한 가지 기업에만 투자하는 것이 아니라 국내의 헬스케어 관련 기업에 분산 투자를 하는 것이다. 다수 투자자의 자금을 신탁받아 형성한 자금을 투자는 펀드 특성 상 소액으로 여러 기업에 나누어 투자할 수 있다는 장점이 있다.

　　또한 펀드 투자의 대상은 국내외 기업 주식, 채권, 원자재 등 다양하게 상품에 투자할 수 있어 한정적이지 않다. 현재 시중 펀드는 약 1만여 개 정도가 있다. 차이나컨슈머 주식형 펀드의 경우 중국내 소비주에 투자가 되는 펀드라면, 월드와이드컨슈머 펀드의 경우는 글로벌 시장에 상장된 다양한 국가의 소비주에 투자하는 펀드이다. 금, 원자재 관련 펀드도 다수 존재한다. 변동성이 높은 개별 기업의 주가에 전적으로 의존하는 주식과 달리 펀드는 분산 투자와 같은 효과로 보다 안전하기 때문에 투자 경험이 없는 초보자들이 적금을 대체하여 적립식으로 투자를 시작하기에도 가장 좋은 금융상품이다.

주식과 펀드의 차이

주식

삼성전자

펀드

삼성SDI
삼성전자
삼성바이오로직스
삼성물산
삼성전기
삼성화재
삼성생명

삼성그룹펀드(주식형)

펀드매니저(자산운용
사)에 의해 증권거래
소내 선택된 삼성관련
기업의 모음(group)

펀드 선택의 참조지표

• TOP 구성종목: 펀드가 투자하는 상위 순위 대상들을 확인하여 투자 비중이 높은 대상들이 내가 투자하고자 하는 방향성과 일치하는 지 반드시 확인한다.

• 벤치마크: 펀드의 성과를 쉽게 평가하기 위해 펀드가 투자하는 시장의 평균 성과 기준이 되는 지표로 펀드가 투자하는 자산이나 시장 등에 따라 결정된다. 펀드가 플러스 수익을 냈더라도 시장 평균인 벤치마크보다 낮다면 잘 운용되었다고 보기 어렵다.

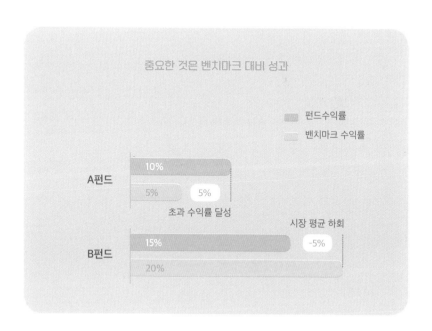

• BM 민감도(베타): 개별 기업의 투자민감도를 뜻하는 용어로 개별 기업의 위험을 뜻하기도 한다. 시장의 움직임을 1로 규정했을 때 각 기업이 시장의 움직임에 비해 얼마나 민감한지를 보여주는 투자지표이다. 특정 펀드의 베타가 1.5라면 벤치마크가 10% 상승했을 때, 해당펀드는 15% 상승하고, 주식시장이 10% 하락하면 해당 펀드는 15% 하락한다는 의미이다.

• 샤프지수: 펀드가 한 단위의 위험자산에 투자해 얻은 초과수익의 정도를 나타내는 지표다. 바꾸어 말하면 1이라는 위험을 부담하는 대신 얻은 대가로 즉, 초과 수익이 얼마인가를 측정한다. 따라서 샤프지수가 높을수록 투자 성과가 성공적이라고 할 수 있다. 샤프지수는 펀드수익률에서 무위험채권인 국공채 수익률을 뺀 값을 펀드수익률의 표준편차로 나누어 계산한다.

• 트레킹 에러(%): 벤치마크 대비 개별펀드 수익의 변동성을 측정한 것이다. 수치가 클수록 벤치마크 대비 개별 펀드 수익의 변동성이 크다는 뜻이다. 다른 말로 추적오차라고도 하며, 펀드가 벤치마크를 얼마나 잘 따라가는지 보여주는 지표로, 벤치마크를 추종하는 인덱스펀드는 트레킹 에러가 0에 근접하다.

펀드명만 알아도 펀드를 알 수 있다

펀트에 투자하기 위해서는 시중에 판매되는 다양한 펀드 중 적합한 펀드를 골라내야 한다. 그렇다면 수많은 펀드 중 펀드의 성질을 파악하는 방법은 무엇일까? 바로 '펀드명' 속에 그 답이 있다. 우리는 펀드의 이름을 통해 이 펀드가 어떤 종류의 펀드인지, 어디에 투자하고 있는지, 매수가 가능한지를 모두 파악할 수 있다.

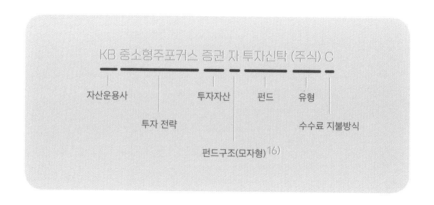

가장 앞에 나오는 KB, 삼성, 블랙록, 피델리티 등의 명칭은 바로 해당 펀드를 만들어낸 자산운용사를 뜻하며, 그다음에 오는 내용은 펀드의 투자 전략으로, 이 펀드의 주제이며 핵심이다. 위 펀드의 경우 중소형기업에 투자하는 펀드로 유추할 수 있다. 투자신탁은 펀드를 뜻하는 동의어이며, 그 뒤에 나오는 괄호의 내용은 펀드의 종류를 알려준다. 위 펀드는 주로 주식에 투자하는 펀드이며 채권으로 기재된 경우

채권에 주로 투자하는 펀드가 된다. 마지막으로 나오는 알파벳은 A, C 등은 수수료부과방식17)과 가입 가능한 클래스를 의미하며 PRS, CP형의 경우 퇴직연금 계좌를 통해 매수가 가능한 전용 상품이다. 또 e가 붙어있는 경우 온라인으로 매수가 가능하며, e가 없는 경우에는 오프라인 전용 판매 상품이다.

---

16) 여러 개의 개별펀드, 즉 자子펀드를 통해 자금을 모아 1개 이상의 모母펀드에 투자하는 펀드 오브 펀드Fund of Fund로 모자형펀드라고도 한다. 모펀드는 자펀드로부터 모은 자금을 통합하여 실질적으로 운용하고, 자펀드는 모펀드의 수익증권을 편입하여 운용한다. 즉, 자펀드는 주식이나 채권 등에 직접 투자하는 것이 아니라 모펀드에 투자하고 모펀드가 운용하여 획득하는 수익을 가져가게 된다. 투자자는 자펀드에 투자하는 것이며, 모펀드에는 직접 투자할 수 없다.

17) A: 최초 가입 시 수수료 부과(선취수수료). 펀드 가입 시 수수료가 발생하지만 연간보수가 낮다. 장기투자에 유리하다.
C: 중도 수수료 부과(후취수수료). 단기 투자에 유리하다.

펀드의 종류

　펀드는 맡긴 돈을 투자 대상에 얼마만큼 투자하느냐에 따라 주식형, 혼합형, 채권형으로 구분하는데, 주식과 채권에 각각 60% 이상 투자하면 주식형·채권형으로, 이도 저도 아니면 혼합형으로 구분된다.

채권형 펀드	운용대상에 주식(주식 관련 파생상품 포함)이 포함되지 않고 채권 및 채권 관련 파생상품에 신탁재산의 60% 이상을 투자하는 상품이다.
주식형 펀드	주식 및 주식 관련 파생상품(주가지수 선물, 옵션)에 신탁재산의 60% 이상을 투자하는 상품으로 주식형 펀드는 채권형과 달리 원금을 날릴 수도 있는 위험이 있다.
혼합형 펀드	주식편입비율에 따라 주식혼합형(주식편입비율이 50~60%), 채권혼합형(50% 미만), 기타혼합형으로 세분된다.

쉽게 알아보는 펀드 용어

금융투자상품	이익 추구 혹은 손실 회피 목적으로 만들어진 재산적 가치를 지닌 금융상품으로 증권 및 파생상품 등이 있다.
집합투자	2인 이상의 투자자로부터 자금을 모집하여 투자하고 그 운용성과를 투자자에게 돌려주는 것이다.
투자신탁	집합투자업자와 신탁업자가 신탁계약 체결로 만들어진 펀드이다.
투자회사	설립자본금을 바탕으로 주식회사 형태로 만들어진 펀드이다.
수익증권	펀드(투자신탁)에 투자한 투자자들에게 출자비율에 따라 나눠주는 증권으로 주식회사의 주권과 유사한 개념이다.
순자산	펀드의 운용 성과 및 투자원금을 합한 금액이다.
개방형	환매가 가능한 펀드이다.
폐쇄형	환매가 가능하지 않은 펀드를 말한다.
추가형	추가로 자금 납입이 가능한 펀드이다.
단위형	투자신탁의 모집 시기(판매 기간)가 한정되어 있고 그 이후에는 가입할 수 없는 펀드이다.
모자형	운용하는 펀드(모펀드)와 이 펀드에만 투자하는 펀드(자펀드)로 구성된 펀드형태로 자펀드는 모펀드 외에는 투자할 수 없다.
종류형	멀티클래스 펀드로 자금납입방법, 투자자자격, 투자금액 등에 따라 판매보수 및 수수료를 달리 적용하는 펀드이다.
기준가격	펀드의 가격으로 매일 운용성과에 따라 변경되며 매입 혹은 환매 시 적용된다.
자본이익	펀드 운용 시 주식 및 채권 등에 투자하여 발생한 시세 차익이다.

배당소득	펀드 운용 시 주식 및 채권 등에 투자하여 발생한 이자 및 배당금이다.
신탁보수	투자신탁 운용 및 관리와 관련된 비용이다. 재산을 운용, 관리해 준 대가로 투자자가 지불하는 비용이다. 운용보수, 판매보수, 수탁보수 등이 있고 보수율은 상품마다 다르게 책정된다.
선취수수료	펀드 가입 시 투자자가 판매 회사에 지불하는 비용이다.
후취수수료	펀드 환매 시 투자자가 판매 회사에 지불하는 비용이다.
환매수수료	펀드를 일정 기간 가입하지 않고 환매할 때 투자자에게 부과되는 비용이다.
설정	펀드에 자금이 납입되는 것을 말한다. 신규설정과 추가설정이 있다.
해지	펀드를 소멸시키는 것이다. 투자신탁의 신탁 기간이 종료되거나, 스팟펀드처럼 약속한 수익률에 도달할 경우 펀드 자산을 처분하여 투자자들에게 원금과 수익금을 나눠준다.

✔ 달러나 금에 투자하고 싶다면?

안전한 재테크의 대상으로 생각하는 대표적인 안전자산으로는 달러나 금을 뽑는다. 주식이나 펀드에 투자 경험이 없거나, 안전자산을 확보하고 싶다면 달러나 금의 가격이 낮아졌을 때 구입하는 것도 좋은 방법이다. 하지만 달러나 금은 은행이나 환전소, 거래소(소·도매 포함)에서 직접 거래하는 경우 비싼 수수료로 인해 매수 시점과 매도 시점의 차익이 발생하지 않는 한 수익을 크게 내기는 어렵다. 각 자산에 투자할 수 있는 효율적인 방법을 안내한다.

달러

• 달러예금: 시중은행에서 가입할 수 있고, 일반 예금과 같이 예금자보호법에 적용받는다. 예금에 대한 이자는 거의 없지만, 환차익에 대한 세금은 발생하지 않는다.

• 달러 ETF: 선물에 투자하며 KOSEF(키움투자자산운용) 달러 선물, KODEX 달러 선물, 초과 수익을 추구하는 레버리지, 역에 투자하는 인버스 등이 존재한다. 달러의 상승 차익을 원한다면 달러 레버리지 ETF 활용을 적극 추천한다. 달러예금과 달리 수익의 15.4% 세금이 발생한다.

• 증권사의 외화발행어음: 기업의 신용으로 높은 금리를 줄 수 있는 어음을 발행하여 운용한다. 담보 없이 증권사에서 가입이 가능하며 현재 NH투자증권과 한국투자증권에서 판매한다. MTS[18]로 간편하게 가입할 수 있다. 환율이 상승하는 경우 약정수익률과 환차익이 발생한다.

• 외화 RP: 채권 등의 자산을 미리 정해진 가격과 날짜에 사고파는 계약으로 신용도가 높은 채권을 담보로 운용한다. 투자자는 약정된 수익률을 지급받을 수 있다. 이 역시 MTS로 간편하게 가입하고 환율이 상승하는 경우 RP이자와 환차익이 발생한다.

• 미국주식: 환율이 낮을 때 증권계좌에 환전한 달러로 저평가된 미국주식을 매수하는 방법이다. 환율 상승 시 환차익과 주식 차익, 두 가지를 얻을 수 있는 장점이 있다.

18) Mobile Trading System, 스마트폰을 활용한 개인투자자의 주식 거래 방식이다.

• 금예금(골드뱅킹): 시중은행에서 판매하고 있으며 본인 계좌에 예금을 넣어 놓으면 국제 금 시세에 따라 잔액이 자동으로 움직인다. 골드뱅킹의 금 가격은 국제시세를 따르고, 원·달러 환율을 반영하기에 환율에 따라 가격이 변동된다. 환율이 하락하면 손해를 볼 수 있고, 투자 차익에 대해 15.4%의 금융소득세가 발생한다.

• 금 EFF: 선물에 투자하며 레버리지 ETF에도 투자가 가능하다. 국내시장에는 KODEX, TIGER 골드 선물 등이 존재하며, 뉴욕증시에 상장된 유명한 ETF로는 GLDSPDR GOLD SHARES와 IAUISHARES GOLD TRUST 등이 있다. 투자가 단순 금 시세에 따른 차익추구를 원하는 경우 추천하는 방식이다. 수익에 대한 15.4% 금융소득세가 부과된다.

• 금펀드: 펀드이기 때문에 연간 1% 내외의 운용수수료가 발생한다. 환매 시 금융소득세 15.4%의 세금이 부과된다. 신한골드펀드, 미래에셋골드펀드, 블랙록월드골드펀드 등이 있다.

• KRX 금시장을 통한 현물 거래: 국내 유일의 국가공인 금 현물시장을 온라인(MTS, HTS[19])으로 거래하는 방식이며 1g 단위로 매수하

[19) Home Trading System, PC를 사용한 주식 투자자의 거래 방식

고 한국예탁결제원에서 안전하게 보관한다. 양도, 배당, 이자소득세
가 없다. 수수료가 적으나 실물로 찾으려면 10%의 부가가치세를 내
야 한다.

PART 5.

재테크 최종 종착지, 연금

기대수명의 연장으로 장수를 바라보는 사회적 시선도 변화하고 있다. 고령화 사회에서 파생된 용어인 '장수리스크'란 기대수명은 늘어나고 있지만 그에 맞춘 재정적 준비는 부족해 생기는 위험을 뜻한다. 지금보다 의학 기술이 발달하지 않았던 과거에는 장수를 최대의 복으로 여겼으나 아이러니하게도 지금은 너무 오래 사는 것이 재무적 위험이 되는 세상이 되었다.

최근 금융사에 방문했거나, 재무상담을 위해 금융사의 직원과 상담을 진행한 적이 있다면 연금 상품을 추천받은 경험이 있을 것이다. 금융 3사인 은행, 증권, 보험은 최근 은퇴 설계를 위한 연금 상품 유치에 열을 올리고 있고, 각종 매스컴에도 고령화 시대에 발생할 수 있는 재무적 위협과 노후 파산에 대한 현실적인 문제를 집중적으로 다룬다.

이로 인해 미래의 일로만 생각했던 은퇴자금에 대한 관심이 높아지고, 은퇴자금을 준비하려는 금융소비자가 증가하기 시작했다. 최근에는 퇴직연금 제도내 근로자가 직접 운용을 지시할 수 있는 DC형[20]으로의 이전신청이 가속화되고 있는 상황이며 다양한 실적배당형 상품을 통해 퇴직연금의 수익을 올리고 있다. 또 세액공제 또는 비과세 등의 연금상품에 가입하여 자신의 은퇴자금을 지금부터 준비해 나가는 긍정적 움직임이 감지되기 시작했다.

---

20) 확정기여형 퇴직연금, 회사가 매년 임금의 12분의 1 상당 금액 이상을 근로자 계정에 납입하고 근로자는 적립금 운용 방법을 스스로 결정해 운용결과에 따라 퇴직급여를 받는 제도이다.

어렵지 않은 연금, 지금부터 시작하기

　　100세 시대, 우리에게 연금 자산은 주택청약종합저축통장만큼이나 필수 금융상품이 되었다. 1차 산업(농업)과 2차 산업(광공업)이 중심이 되어왔던 과거에는 취업의 조건이 건강한 신체 즉, 노동력이었다. 그렇기에 학업을 수행하는 과정에서 부모의 일손을 돕거나, 성인이 되면 곧바로 공장에 취직하여 노동을 하는 것은 대수롭지 않은 일이었다. 성인이 되면 대부분 취업을 했고, 노동이 지속가능한한 정년도 무방했다. 결국 노동력만 제공할 수 있다면 소득을 벌어들일 수 있었기에 취업과 은퇴의 연령에 제한이 없었으며 구분되지 않았던 때였다. 여기에 지금보다 의학기술, 국가 복지 혜택이 부족했던 과거에는 기대수명 또한 지금에 비해 월등히 낮았다. 결국 노동을 통해 소득을 벌어들이는 소득 구간이 은퇴 이후 기대수명까지 소득이 부재하는 기간보다 월등히 길었던 것이다. 또한 효孝 중심의 대한민국 유교 정서상 자녀들의 부모 부양책임 의식이 높았으며, 자녀가 곧 노동력으로 간주되었던 과거에는 대부분 다자녀 가구를 이루고 살았기에 자녀들이 부모에 대한 책임을 분담하는 것 또한 어렵지 않은 일이었다. 그러나 3차 산업과 4차 산업이 공존하는 지금, 취업의 조건으로 '고학력'과 '고스펙'을 요구하고, 사람이 할 일을 로봇과 기계가 대체하고 있는 시대가 열렸다. 여기에 경제성장의 둔화와 경기 침체로 대한민국 구직자들은 취업난에 시달리고 있고 정년 또한 점점 낮아지고 있는 추세이다. 남성은 군 복무 기간과 대학 졸업 후 취업을 위한 경력을 쌓는 기간까지 생각하면 취업하는 나이는 점점 늦어지고 있다. 더 늦게 취업하여 더 일찍 퇴직하는 소득 기간의 감소 현상이 일어나는 것이다. 그러나 여기서 가장 큰 문제는 바로 기대수명의 연장이다. 대한민국은 2018년 전체 인구의 14% 이상이 노인 인구인 고령사회로 진입하였다. 대한민국의 초고령사회 진입은 2025년으로 예상되며 전 세계에서 가장 단기 내 진입할 것으로 예견하고 있다. 기대수명은 매년 꾸준하게 늘어나고 있고, 이제 90세를 훌쩍 넘은 어르신을 보는 일은 놀랄 일이 아니다. 현재의 고령화 속도를 보자면 2060년도에는 대한민국 인구의 43.9%가 65세 이상이 될 것으로 예상된다.

과거에는 은퇴 이후의 삶을 소득 기간 내에 준비하는 것이 어렵지 않은 일이었지만, 현재는 소득을 벌어들이는 기간은 줄어드는데 은퇴 이후의 삶은 늘어나는 상황이 되었다. 자녀의 늦깎이 취업으로 자녀 양육 기간에 대한 부모의 부담 기간은 늘어난 상태에서 은퇴까지 빨라지니 서로에게 부담되는 시대가 되었다.

이제는 연금재원을 마련하기 위한 은퇴설계가 재무설계의 최종목적이자 필수가 되었다. 은퇴 이후의 삶을 준비하기 위해서는 소득이 발생하는 시점부터 부단히 미래의 나에게 연금이 될 재원을 보내 놓는 작업을 시작해야 한다. 현재 국가에서 공적연금인 국민연금보험을 의무화하고 있으며 국민연금은 매년 물가상승률을 반영하여 가산 지급하기에 국민의 안정적인 기초 연금재원으로 역할을 다하고 있다.

또한 근로자를 고용하는 기업의 경우 퇴직금 제도를 의무화하고 있기에 근로소득자는 퇴사 시에 퇴직(연)금을 보장받고 있으며 이외 개인 연금, 주택연금 등의 개별적으로 선택이 가능한 연금 상품이 마련되어 있다. 정작 연금을 지급받아야 하는 은퇴 시점에 다가와서 은퇴 이후 기대수명까지 활용할 장기간의 연금재원을 단기간에 준비하는 것은 현실적으로 불가능하기에 반드시 연금자산은 생애전반에 걸쳐 사전 준비해야 한다. 국민연금, 퇴직연금, 개인연금 등 세 개의 연금을 기본적으로 확보하는 것을 목표로 하여야 한다.

국민연금, 믿어도 될까?

국민연금은 만 18세 이상 만 60세 미만의 국민이 가입대상이고, 최소 120회(10년)를 채웠을 때 연금을 지급받을 수 있다. 연금보험료율은 현재 9%이며 사업장 가입자는 회사와 본인이 절반씩 부담하고 지역가입자는 9% 전액을 본인이 부담한다. 또, 국내에 거주하고 있는 외국인도 가입할 수 있다. 2057년 공적연금의 자금고갈이 예견되어 국민연금공단에 대한 우려의 목소리가 높아지고 있다. "과연 국민연금을 지급받을 수 있을까?" 이 질문에 대한 명쾌한 대답은 어떤 상황에서도 당연히 "YES"이다. 역사상 단 한 번도 국가가 국민을 상대로 국민연금을 지급중단한 사례는 없다. 사실상 국가는 국민의 연금 지급을 보장하고 있다. 국민연금은 가입이 법적으로 의무화되어 있고, 대한민국 근로소득자라면 누구나 국민연금을 납부할 의무가 있으며, 사업자의 경우 지역가입자로 신청하여 의무적으로 납입해야 한다. 그러나 소득이 없는 경우에는 본인의 선택에 따라 임의가입자로 가입여부를 선택할 수 있다.

그럼에도 공적연금에 대한 불신은 커져만 간다. "저출산, 고령화 문제가 대두되며 연금 수령자를 연금 납입자가 부양할 수 있는가?"라는 근본적인 문제 지적에 시작되었다. 그러나 국민연금의 자금고갈 가능성에 대한 문제를 국민연금 미지급 가능성의 연장선으로 해석하지는 않아도 된다. 다만 수급자에게 국민연금을 정상적으로 지급하기 위해서는 다음과 같이 개편될 가능성이 크다.

첫 번째는 국민연금의 세율을 인상하는 방안이다. 두 번째는 납입 기간을 늘리는 것이고, 세 번째는 수령 나이를 늦추는 방안이다. 국민연금 개편을 앞두고 현재 국민연금의 납입기간을 기존 60세에서 65세로 늘리고, 수령 나이는 65세에서 68세로 늦추는 방안이 논의되고 있다. 즉, 더 내고 덜 받는 구조로 가입자에게 불리하게 변경될 가능성이 커졌다. 일본의 경우 현행 제도는 연금 수급 연령을 원칙적으로 65세로 하고 있으나 공적연금을 받는 나이는 75세로 늦추는 방안을 검토 중이다. 바로 공적연금에 대한 문제는 여기에서 발생한다. 은퇴 이후 공적연금을 수령하기까지 소득공백의 기간이 길어질 수 있는 '소득 크레바스(절벽)[21]' 문제이다. 은퇴 이후에도 공적연금을 계속 납입해야 하는 상황이 발생할 수 있다.

그럼에도 국민연금은 반드시 납입해야 한다. 국민연금마저 준비되지 않는다면 미래를 준비하지 않고 현재만 살아가는 이들의 미래는 결코 존재할 수 없다. 국민연금의 최대 장점은 수급자가 연금의 운용수익

---

21) 직장에서 은퇴해 국민연금을 받을 때까지 소득이 없는 기간을 말한다. '은퇴 크레바스'라고도 한다. 한국 직장인의 경우 50대 중반에 은퇴해 60대에 연금을 수령할 때까지 공백 기간이 발생하는데 이 기간에 생계에 위협을 받는 것에 대한 두려움을 '크레바스 공포'라고 한다.

에 대한 부담을 가지지 않아도 국민연금공단에서 자금을 운용하며 운용수익률과 관계없이 매년 소비자물가상승률을 반영하여 연금을 가산 지급한다는 것이다.

현행법상 국민연금을 연금으로 수령받기 위한 최저 납입기간은 10년이고, 횟수로는 120회 이상, 60세까지 의무로 납입해야 한다. 수령 나이는 출생연도에 따라 다르지만 1969년 이후 출생자는 65세로 규정되어 있다. 120회 미만 납입자는 60세에 납입했던 국민연금 적립액은 일시금으로 지급되고 국민연금공단과 개인과의 계약은 종료된다. 국민연금은 국적을 포기하고 해외영주권을 취득하는 경우가 아닌 이상 어떤 사유로든 해지는 불가능하다.

국민연금은 반드시 가입할 것을 권고한다. 특히 50대 이상이라면 국민연금 미가입자의 경우 우선적으로 가입하는 것이 절대적으로 유리하며, 추후납부제도22)나 임의계속가입제23)도 활용하는 것도 가능하다. 소득이 없는 개인 또는, 사업자의 경우 국민연금과 개인연금 중 한 가지를 선택하라고 한다면 반드시 국민연금이 우선시되어야 할 것이다. 또 연금수급개시연령을 5년 한도로 늦추거나(연기연금제도), 5년 한도로 더 빨리 수령할 수도 있다(조기노령연금).

---

22) 소득이 없어서 보험료를 내지 못했던 기간의 보험료를 한꺼번에 납입한다.

23) 최소 가입 기간인 120개월을 채우지 못했거나, 가입 기간은 채웠지만 연금을 더 많이 받길 원하는 경우 신청하여 보험료를 계속 납부한다.

공적연금 수령 나이

공적연금 수령 나이	수령 개시 연령		
	노령연금	조기노령연금	분할연금
1952년생 이전	60세	55세	60세
1953~56년생	61세	56세	61세
1957~60년생	62세	57세	62세
1961~64년생	63세	58세	63세
1965~68년생	64세	59세	64세
1969년생 이후	65세	60세	65세

국민연금가입자 구분

의무가입자	사업장가입자는 국민연금 적용사업장에 종사하는 근로자와 사용자이다. 사업장가입자는 기준소득월액의 9%가 부과되는데, 사업주와 개인이 각각 4.5%씩 부담한다.
지역가입자	기본 조건이 충족된 사업장가입자가 아닌 가입자로서, 사업장과 관련 없기 때문에 개인별로 국민연금을 납부해야 한다. 주로 종업원이 없는 자영업자가 많으며 납부예외자도 포함한다.
임의가입자	기본 조건이 충족된 국내 거주 국민으로 사업장가입자 및 지역가입자가 아닌 사람이 가입을 희망하여 가입한 가입자이다.
임의계속가입자	만 60세에 도달하여 기본 조건이 충족되지 않지만, 가입 기간이 부족해 연금을 받지 못하거나 가입 기간을 연정해 더 많은 연금을 원한다면 만 65세 이전에 신청하여 가입하면 된다.

퇴직연금 100% 활용하기

퇴직연금제도는 기존에 일시금으로 받던 퇴직금을 퇴직 후 일정 연령부터 본인의 선택에 따라 연금 또는 일시금으로 받을 수 있도록 한 제도로 현재 근로자를 고용한 모든 기업은 퇴직금제도와 퇴직연금제도 중 한 개 이상의 제도를 의무적으로 도입해야 한다. 퇴직연금제도란 회사가 근로자에게 지급해야 할 퇴직급여를 회사가 아닌 금융회사에 맡기고 근로자의 퇴직 시 일시금 또는 연금으로 지급하는 제도로, 기업의 도산 등 내부적 위험이 발생하더라도 근로소득자는 퇴직급여를 보전받을 수 있다. 연금의 종류에는 확정급여형인 DB형, 확정기여형인 DC형, 개인형퇴직연금 계좌인 IRP 이렇게 세 가지가 있다.

퇴직연금의 종류

DB(확정급여형)	회사 책임형 퇴직연금. 회사가 근로소득자의 퇴직연금 재원을 외부 금융회사에 적립하여 운용한다. 근로자의 퇴직 시 정해진 금액(퇴직 직전 3개월 평균급여×근속연수)을 지급하도록 하는 제도로 DB형의 퇴직급여 금액은 기존 퇴직금 제도와 동일하다. 임금상승률이 높고 장기근속이 가능한 기업의 근로자에게 유리하다.

DC(확정기여형)	근로자 책임형 퇴직연금. 회사가 근로자 퇴직급여계좌에 매년 연간 임금총액의 일정비율(1/12 이상)을 적립하고, 근로자가 적립금을 운용하는 방식이다. 파산 위험 및 임금체불 위험이 있는 회사에 근무하는 근로자나 임금상승률이 낮거나 임금피크제에 진입한 근로자 등에 유리하다. 개인에게 퇴직금을 운용할 수 있는 권한이 부여되므로 근로자의 관심과 관리가 퇴직급여 수령액을 높일 수 있는 요인이 된다.
IRP(개인형퇴직연금)	은행과 증권사에서 가입이 가능한 퇴직연금 계좌이다. 퇴직한 근로자가 퇴직급여를 운용할 수 있도록 퇴직 시에 퇴직급여를 지급받는 계좌이며 퇴직연금이 존재하지 않는 사업자도 퇴직연금 적립을 위한 계좌 개설이 가능하다. 재직 중인 근로자가 회사에서 적립해 주는 퇴직연금 이외에 자신의 비용부담으로 추가적립이 가능하며 공무원도 가입이 가능하다. IRP형 계좌의 도입으로 자영업자 등 안정적 노후소득 확보가 필요한 사람도 연금재원 확보가 가능해졌고 정부에서는 이를 장려하고자 IRP 계좌 가입자에게 연금저축과 합산하여 최고 700만 원까지 납입금액에 대해 세액공제 혜택을 주고 있다. 또, 50세 이상 가입자의 경우 납입 지원 확대를 위해 2022년까지 한시적으로 세액공제 한도를 900만 원 으로 확대하였다. 적립금을 펀드 및 ETF 등 수익성 자산에 투자하여 운용하는 것이 가능하며 가입자들의 경우 IRP 계좌는 주로 세액공제를 목적으로 준비하고 있다. 따라서 수익 추구와 세제 혜택을 동시에 누릴 수 있도록 돕는 1석 2조의 장점을 지닌 연금 계좌이며 개인연금에 속해 있는 연금저축과 동일한 특징을 지니고 있다.

IRP 계좌의 연봉별 세액공제 한도는 다음과 같다.

소득 별 IRP 계좌 세액공제 불입한도 및 공제율

총 급여	공제 대상 불입한도			공제율
	종전	개정		
		만 50세 미만	만 50세 이상	
5,500만 원 이하	연간 400만 원 (IRP 합산 700만 원)	연간 400만 원 (IRP 합산 700만 원)	연간 600만 원 (IRP 합산 900만 원)	불입액의 16.5%
1억 2천만 원 이하				
1억 2천만 원 초과	연간 300만 원 (IRP 합산 700만 원)	연간 300만 원 (IRP 합산 700만 원)		불입액의 13.2%

연봉 5,500만 원 이하, 50세 이상의 경우 최대한도 900만 원 납입 시 최대 148.5천 원의 절세 효과를 볼 수 있다.

퇴직연금 제도별 특징

구분	DB형	DC형	IRP	
			기업형 IRP	개인형 IRP
개념	• 퇴직 시 지급할 급여 수준을 노사가 사전에 약정 • 사용자가 적립금 운용 방법을 결정 • 사용자는 근로자 퇴직 시 사전에 약정된 퇴직 급여를 지급 • 계속근로기간 1년에 대하여 30일분의 평균 임금에 상당하는 금액 이상	• 기업이 부담할 기여금 수준을 노사가 사전에 확정 • 근로자가 적립금 운용 방법을 결정 • 근로자는 일정 연령에 도달하면 운용 결과에 따라 퇴직급여를 수령	• 10인 미만 사업장의 경우 개별 근로자의 동의를 받아 IRP에 가입하면 퇴직급여제도를 설정한 것으로 인정 • 근로자가 적립금 운용 방법을 결정 • DC형 준용: 근로자는 일정연령에 도달하면 운용 결과에 따라 퇴직급여를 수령(근퇴법 제25조)	• 근로자 직장 이전 시 퇴직연금 유지를 위한 연금통산 장치 • 근로자가 적립 운용 방법을 결정 • 퇴직일시금 수령자가 가입 시 일시금에 대해 퇴직소득 과세 이연 • 확정급여형, 확정기여형 가입자도 연간 1,800만 원의 한도 내에서 추가 불입 가능
기업 부담	• 산출기초율(운용수익률, 승급률, 이직률 등)에 따라 부담금 변동 • 규정에서 정한 최소 수준 이상을 납부해야 함 • 퇴직연금사업자는 기업의 부담금이 최소 수준을 상회하는지 매년 재정건전성 검증 실시	• 매년 기업의 부담금은 근로자 임금의 일정비율로 확정 • 가입자의 연간 임금총액의 1/12에 해당하는 금액 이상	• 매년 기업의 부담금은 근로자 임금의 일정비율로 확정 • 가입자의 연간 임금총액의 1/12에 해당하는 금액 이상	• 없음

연금 수급 요건	• 연령: 55세 이상 • 가입 기간: 10년 이상 • 연금 수급: 5년 이상			• 연령: 55세 이상 • 연금 수급: 5년 이상
일시금 수급 요건	• 연금수급 요건을 갖추지 못한 경우 • 일시금 수급을 원하는 경우			• 55세 이상으로 일시금 수급을 원하는 경우
제도간 이전	• 어려움 • 퇴직 시 IRP로 이전	• 직장 이동 시 이전 용이		• 연금 이전 용이
적합한 근로자	• 도산 위험이 없고, 정년 보장 등 고용이 안정된 기업	• 연봉제 도입 기업 • 체불 위험이 있는 기업 • 직장 이동이 빈번한 근로자	• 10인 미만의 영세 사업장	• 퇴직일시금 수령자

출처: 금융감독원

DC형 퇴직연금에 가입한 근로소득자는 직접 퇴직연금 관리가 가능하다. 기업이 DB형 퇴직연금을 선택했다면 근로자가 운용지시를 할 수 없고 정해진 셈법에 의한 퇴직금을 지급받으나, DC형은 근로자가 직접 운용지시 권한을 갖고 운용수익률에 대한 책임을 진다. 따라서 DC형의 경우 근로자가 퇴직급여의 수익률을 적극적으로 추구하는 것이 가능하다. 이미 미국, 유럽과 같은 나라에서는 근로자들이 자신의 퇴직연금에 관심을 갖고 관리하여 적극적인 은퇴자금 증식을 도모한다. 기업이 DB, DC형 퇴직연금을 혼용하여 운영한다면 DB형에서 DC형 퇴직연금으로 전환신청이 가능하다. 또한 원금 비보장자산 투자 한도가 기존 적립금의 40%에서 70%로 상향 조정되었다.

DC형 퇴직연금은 근로자의 관리가 필수다. DC형 내 퇴직급여 운용이 가능한 상품에는 수익을 추구할 수 있는 실적배당형 상품과 정기 예금형 등의 안전자산 상품으로 다양하게 분류되어 있어 투자 성향에 따라 선택적 운용이 가능하다. 시기나 횟수에 제한 없이 연금 포트폴리오를 변경하는 것이 가능하기에 시기에 따라 대응이 가능하다.

퇴직연금의 경우 안정적인 은퇴자금 확보에 목적을 두고 단기성 수익이나 잦은 투자 이동 변화는 가급적 하지 않는 것이 좋다. 스스로 투자에 자신이 없다면, 실적배당형 상품 내에 TDF 펀드를 활용할 수 있다. TDF Target data fund란 자산운용사가 은퇴시점을 목표로 두고 수익성 자산과 채권 등의 안전자산에서 자산 배분을 스스로 조절하며 운용하는 펀드이다. TDF의 경우 적립금의 100% 까지 운용이 가능하다.

삼성 한국형 TDF 펀드 9개 상품별 자산배분 프로그램(Glide Path) 개요

펀드명	은퇴 잔여 기간 (2019년 기준)	대상 고객 (55~60세 은퇴기준)	기간별 주식비중(%)							
			-35년 80%	-30년 80%	-25년 79%	-20년 76%	-15년 66%	-10년 55%	-5년 42%	은퇴+30년 33%→22%
삼성 한국형 TDF 2055	35년	20대								
삼성 한국형 TDF 2050	30년	20~30대								
삼성 한국형 TDF 2045	25년	30대								
삼성 한국형 TDF 2040	20년	30~40대								
삼성 한국형 TDF 2035	15년	40대								
삼성 한국형 TDF 2030	10년	40~50대								
삼성 한국형 TDF 2025	5년	50대 이상								
삼성 한국형 TDF 2020	-	은퇴이후								
삼성 한국형 TDF 2015	-									

TDF의 경우 펀드명에 적힌 숫자 '2030'이 뜻하는 것은 가입자의 은퇴시점을 2030년으로 본다는 것이다. '2050'과 차이를 비교하면 안전자산 비율이 상대적으로 높게 운용된다. 자신의 퇴직급여를 어느 상품에 운용할 수 있는지는 DC형 퇴직연금 가입 금융사 홈페이지에서 퇴직연금 페이지를 참조하면 가입 가능한 상품을 살펴볼 수 있다.

퇴직연금은 원칙적으로 중도인출이 불가하나, DC형과 IRP형의 경우 제한적 사유에 의해서 인출이 가능하다. 최근 퇴직연금을 은퇴자금이 아닌 다른 용도로 활용하기 위해 중도인출을 하는 가입자를 적지 않게 접할 수 있는데, 퇴직연금은 가급적 온전하게 보전하는 것이 유리하다. 생각보다 높은 은퇴자금이 마련되었다 하더라도 은퇴 이후부터 점차 늘어나는 기대수명까지의 기간으로 적립금을 나누어 지급받게 되면 기대보다 낮은 연금액을 지급받을 수 있기 때문이다.

예를 들어 은퇴자금 1억은 30년간 나누어 지급받으면 월 27.7만 원 (이자율 0% 가정) 정도의 수준이다. 또 여기에 미래 물가 가치까지 고려한다면 은퇴자금은 지금부터 집중하여 모아 나가기에도 한없이 부족하다. 결코 스스로 "이 정도면 충분해."라며 은퇴자금에 대해 방심할 것이 아니라는 이야기다.

DC형 퇴직연금 중도인출 가능 제한적 사유

- 무주택자인 가입자가 본인 명의로 주택을 구입하는 경우
- 무주택자인 가입자가 주거 목적으로 전세금 또는 보증금을 보담하는 경우
- 6개월 이상 요양을 필요로 하는 가족의 질병이나 부상에 대한 요양비용을 부담하는 경우(본인, 부양가족)
- 중도인출 신청일로부터 역산하여 5년 이내에 파산 선고 또는 개인회생절차개시 결정을 받는 경우
- 천재지변 등으로 피해를 입은 경우(고용노동부장관 고시의 해당 사유 및 요건 충족 시)
- 법에서 정한 임금피크제, 소정근로시간 변경, 근로시간 단축 등의 사유로 퇴직금이 감소하는 경우

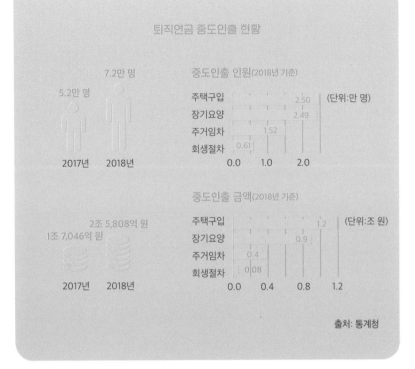

퇴직연금 중도인출 현황

7.2만 명

5.2만 명

2017년 　2018년

중도인출 인원(2018년 기준)

주택구입	2.50	(단위:만 명)
장기요양	2.49	
주거임차	1.52	
회생절차	0.61	

0.0　　1.0　　2.0

2조 5,808억 원

1조 7,046억 원

2017년 　2018년

중도인출 금액(2018년 기준)

주택구입	1.2	(단위:조 원)
장기요양	0.9	
주거임차	0.4	
회생절차	0.08	

0.0　0.4　0.8　1.2

출처: 통계청

세제적격과 세제비적격 연금의 구분

개인연금

세제적격	세제비적격
연금 상품 중에서 세액 공제 등의 세제 혜택이 주어지는 연금	과세대상에서 제외되는 관계로 납입 시 세액공제 혜택이 없으나 연금을 받을 때는 일정 조건을 충족하는 경우 연금소득세가 면제되는 연금
연금저축신탁(은행) 연금저축펀드(증권) 연금저축보험(보험) 연금보험(손해보험)	연금보험(보험)

세제적격 상품?

의무보험인 국민연금, 퇴직연금(근로소득자) 이외 개인이 임의적으로 가입할 수 있는 연금 상품에는 세제 혜택 유무에 따라 세제적격 상품과 세제비적격 상품으로 나뉜다. 세제적격 연금 상품에는 연금저축신탁, 연금저축펀드, 연금저축보험, 손해보험사에서 판매되는 연금보험이 있다. 1년 납입금액 한도 400만 원까지 최대 세율 16.5%를 세액공제 해주는 상품으로 55세부터 연금으로 수령이 가능하며, 연금 수령 시에는 3.3~5.5% 연금소득세가 과세된다. 연말정산 시 유리할 수 있도록 납입

기간 내 납입 금액에 대해 세액공제 혜택을 받는다는 장점이 있으나, 반대로 연금수령 시에는 세금이 과세되는 구조이다.

또한 해지 시에는 받았던 세액공제액 16.5%를 기타소득세로 과세한다. 금융기관 간 계좌 이전 신청이 가능하기에 가급적 공시이율로 운용되는 손해보험사의 연금보험이나, 보험사의 연금저축펀드 상품은 증권사의 계좌 이전 신청을 통해 연금저축펀드로 전환하여 펀드 수익을 동시 추구하는 것을 권유한다. 계좌 이전 신청은 이전하고자 하는 신규 금융사에 계좌 이전 신청을 통해 간편하게 할 수 있다.

연금저축 세액공제율

총 급여	공제한도	공제율	세액공제
5,500만 원 이하	400만 원	16.5%	660,000원
5,500만 원 초과~ 1억 2천만 원 이하	400만 원	13.2%	528,000원
1억 2천만 원 초과	300만 원	13.2%	396,000원

간혹 연말정산 시 세액공제액을 최대 한도로 채우겠다며 무리해서 연금저축 상품에 납입을 하는 경우가 있다. 그러나 연금저축 특성상 유동성이 확보되지 않고, 연금 수령 시에 세금이 과세되는 불리함을 고려한다면 당장의 세액공제 혜택에는 유혹되지 않아도 된다. 오랜기간 세액공제 혜택을 받았다 하더라도 55세 연금 수령 이전 상품 해지 시에는 그간의 세액공제는 무의미하게 되는 것이나 다름없기 때문이다. 연금

개시전 인출할 경우에는 기타소득세가 16.5% 부과된다.

　연금으로 수령 시 원청징수 세율은 다음과 같다. 만 70세 미만일 경우는 5.5%의 연금소득세가 부과되지만 만 70세 이상 80세 미만일 경우는 4.4%가 부과된다. 만 80세 이상일 경우는 가장 낮은 3.3%의 세율이 적용된다. 또한 종신형 연금을 선택할 경우는 세율을 낮게 적용해 만 80세 미만일 경우 4.4%, 만 80세 이상일 경우 3.3%를 적용한다.

세제비적격 상품?

　세제비적격 연금 상품은 생명보험사에서만 판매하고 있는 연금보험이 그 예시이다. 연금보험은 공시이율[24] 상품과 적립금이 특별계정에서 펀드로 운용되는 변액 상품으로 나뉜다. 개인연금보험의 경우 세액공제 혜택은 없으나 보험사의 저축성 상품으로 분류되어 5년 납입 이상 10년 유지 시에는 이자소득세 15.4%가 비과세 적용된다. 또한 연금보험은 45세부터 연금 수령이 가능하며 연금 수령 시에는 연금소득세도 비과세되고, 적립금의 수시입출금이 자유로워 자금의 유동성이 확보된다는 장점이 있다.

---

24) 보험회사가 보험개발원에서 공표하는 공시기준이율을 고려하여 일정 기간마다 금리연동형 보험상품에 적용하는 이율이다.

연금과 같은 장기성 자산을 보유한 금융소비자가 가장 중요하게 여겨야 할 것은 유지 기간에 자금의 유동성이 확보되는지 여부이며, 수익률 측면에서는 미래의 물가상승률을 헷지Hedge25)하는 것이 가능한지 여부이다. 개인연금 상품은 적립금의 중도 인출, 적립금을 담보로 하는 약관대출, 고정납입금 이외 추가납입 등의 유니버셜 기능을 지니고 있다.

다만 연금보험은 초기에 높은 사업비로 인하여 조기해지 시 손실을 볼 수 있으며, 변액 상품의 경우 펀드 운용에 따라 매일 적립금이 변동되어 원금 손실 가능성을 인지하고 펀드 운용에 주의해야 한다.

변액보험26) 가입자의 손실 위험을 보완하고자 연금개시 시점에 원금 또는 원금 이상의 보증액을 보증해 주는 보증형 상품도 생명보험 회사별로 다양하게 존재하고 있다. 과거에는 확정금리형 연금보험 상품이 존재했고 공시이율, 최저보증이율27)이 모두 높았기에 공시이율 연금 상품의 수요가 높았으나, 저금리 기조의 장기화로 펀드 운용 상품인 변액연금을 통해 개인의 연금을 준비하는 가입자가 급증하고 있다.

---

25) 금전손실을 막기위한 대비책이다.

26) 주식, 채권 등에 투자하여 이익을 배분하는 투자실적배당형 보험상품으로 장기적으로 인플레 헷지를 통해 실질 가치가 보전된 보장금액의 제공을 목적으로 한다.

27) 시중지표금리나 운용자산이익률이 하락하더라도 보험회사가 지급하기로 약속한 최저 금리이다.

변액연금 상품을 검색해 보면 "오랜 기간이 지나도 적립액이 원금에 도달하지 못했다." 거나, "해지 시 손실이 발생했다." 또는 "가입 후 설계사의 관리가 제대로 이루어지지 않는다." 등 부정적인 이야기를 접하게 된다. 연금보험은 납입 금액에 대해 일부 사업비가 차감되는 구조로, 이 부분을 보완하는 방법을 알고 활용해야 하며, 장기간 펀드를 활용한 투자 운용 상품으로 반드시 본인이 상품의 관리 방법과 수익률 향상을 위한 수익 관리에 지속적인 관심을 지니고 있어야 한다.

변액보험 안에 변액연금, 변액저축이 있고 변액보험은 고객이 납입하는 보험료로 펀드를 운영하게 된다. 변액 상품의 가입자는 우선 펀드를 선택할 수 있으며 펀드 투입 비율을 조정할 수 있고 추후 펀드를 수시로 변경할 수 있는 권한을 지닌다. 상품 가입 시에는 펀드를 선택할 수 있으며 여러 펀드를 복수 선택하여 투입 비율을 조정하는 것도 가능하다. 성격이 다른 주식형 펀드와 채권형 펀드를 함께 선택하거나 다양한 주식형 펀드에 분산 투자하는 것도 가능하다. 가입 이후 가입자의 의사에 따라 수시로 펀드를 변경할 수 있는데 이 부분들이 바로 변액 상품을 운용하는 핵심 요소가 된다.

변액 상품의 운용 방법은 수익 추구를 위한 주식형 펀드와 안전 추구를 위한 채권형 펀드를 적정 시기에 활용하는 것이다. 펀드의 가격이 낮아진 저점기에는 주식형 펀드의 편입 비중을 확대하여 운용하고 고점기에는 채권형 펀드를 확대하여 적립자산의 안전을 확보하여 운용한다. 주식 거래로 비교할 경우 저가에 매수해서 고가에 매도하는 행위를 저점 시기에 주식형 펀드로 진입하고 고점 시기에 발생한 차익을 채권형 펀드로 변경하여 더 이상 적립금이 주가의 변동에 연동되지 않도록 하는 것이다.

장기적으로 주식 시장은 우상향하고 있으나 수없이 상승하락을 반복하고 있다. 대한민국 코스피(한국종합주가지수)[28]의 큰 흐름을 살펴보면 1980년도 100P로 등장하여 약 10여년 간 하단 1,800~상단 2,200P의 박스권 내에서 움직임이 발생하였다. 코로나19 이후 코스피 하단은 3,000P로 조성되고 있으며 개인 주식시장 참여가 확대됨에 따라 지속적으로 지수 상단을 높여나갈 가능성이 있다. 투자하고자 하는 대상의 연간 가격변동폭의 하단과 상단을 살펴보는 것으로 현재 어떠한 시점에 위치하는지 가늠해 볼 수 있는 척도가 된다.

---

28) 증권 시장에 상장된 모든 종목의 주가 변동을 날마다 종합한 지표. 경제 상황을 총체적으로 보여주는 지표이며, 대한민국의 대표 지수는 한국종합주가지수(KOSPI)이다.

주택연금은 주택금융공사에서 집을 담보로 맡기고 자기 집에 거주하면서 매달 국가가 보증하는 연금을 받는 제도이다. 은퇴자가 준비된 은퇴자산 없이 오직 부동산만 소유한 경우 원활한 은퇴자금 수급을 위해 적합한 연금제도로 활용되고 있다.

주택연금 가입 조건

- 부부 중 1명이 만 55세 이상
- 부부 중 1명이 대한민국 국민
- 부부 기준 공시가격 등이 9억 원 이하 주택소유자
- 다주택자라도 합산가격이 공시가격 등이 9억 원 이하면 가능
- 공시가격 등이 9억 원 초과 2주택자는 3년 이내 1주택 팔면 가능

주택연금은 국가가 연금지급을 보증하고 평생 가입자와 배우자 모두에게 거주를 보장한다. 주택연금의 최대 장점은 연금을 지급받던 부부가 모두 사망 시에 그간의 연금수령 총액이 평가한 집값을 초과하여도 상속인에게 청구되지 않는다는 것이다. 반대로 집값이 남는 경우에는 그 차익이 상속인에게 돌아가는 유리한 구조로 운영되고 있다. 자세한 내용은 한국주택금융공사 홈페이지(www.hf.go.kr)를 통해 월 연금 예상 지급금을 조회할 수 있다.

금액 비교	정산 방법
주택처분금액 > 연금지급총액	남는 부분은 채무자(상속인)에게 정산
주택처분금액 < 연금지급총액	부족분에 대해 채무자(상속인)에게 별도 청구 없음

* 연금지급총액 =①월지급금 누계+②수시인출금+③보증료(초기보증료 및 연보증료)+①②③에 대한 대출이자

일반주택(종신지급방식, 정액형)

(단위: 천 원)

연령		50세	55세	60세	65세	70세	75세	80세
주택 가격	1억 원	122	160	212	253	307	378	478
	2억 원	244	320	424	507	614	756	957
	3억 원	366	480	636	760	921	1,135	1,435
	4억 원	489	640	849	1,014	1,228	1,513	1,914
	5억 원	611	800	1,061	1,268	1,535	1,892	2,392
	6억 원	733	960	1,273	1,521	1,843	2,270	2,871
	7억 원	856	1,120	1,486	1,775	2,150	2,649	3,229
	8억 원	978	1,280	1,698	2,028	2,457	2,893	3,229
	9억 원	1,100	1,440	1,910	2,282	2,675	2,893	3,229

* 예시: 70세(부부 중 연소자 기준), 3억 원 주택 기준으로 매월 92만 1천 원을 수령한다.

출처: 주택금융공사

✓ 그렇다면 연금은 어떻게 준비해야 할까?

    최근 연금에 대한 니즈가 과거에 비해 높아지면서 개인연금을 준비하고자 하는 금융소비자가 늘어났다. 그렇다면 과연 개인연금은 어떻게 준비해야 할까. 한정된 저축 가능 금액으로 세제 혜택이 존재하는 상품의 장점과 비과세 상품의 장점을 모두 가져가는 방법은 없을까? 방법은 당연히 있다. 바로 연말정산 시 세액공제 혜택이 가능한 연금저축펀드나 IRP 계좌를 개설하여 운용하고 비과세 연금보험에 별도로 가입하는 것이다. 납입 총액이 연금저축 한도인 연 400만 원보다 높다면 IRP 계좌를 추가 개설하거나 IRP 계좌 한 가지만 개설하는 것도 무방하다. IRP 계좌는 분류상 퇴직연금에 속하지만 그 성격이 세제적격 연금저축과 같다.

    세제적격 상품은 자유납입 방식으로 가입자가 정기적인 이체를 통해 납입하는 것이 가능하며 자율적으로 수시 입금하는 것도 가능하다. 납입 방식에 제한이 없으며 연간 납입된 납입총액에 대해서 세제혜택이 주어진다. 세제적격 연금저축 상품 특성상 유동성이 불가한 점과 납입하는 금액에 대해서는 55세 이후 연금으로만 수령이 가능한 점을 고려하여 당해 연말 정산을 위해 납입하도록 한다. 세제적격 상품에는 고정수입 외 발생한 인센티브, 부가 수입, 주식 펀드 자산으로 연간 발생한 수익 중 은퇴자금으로 활용할 일부를 자유롭게 납입하면 된다. 또한, 연금저축보험은 금융사 간 계좌 이전 신청이 간편히 가능하기에 세제적격 연금저축보험에 가입된 가입자의 경우 계좌 이전 신청을 통해 증권사의 연금저축 펀드로 운용할 것을 추천한다.

여기에 비과세 연금보험은 매월 꾸준한 금액을 정기적으로 납입하는 것이 좋다. 연금은 말 그대로 은퇴자산으로 활용되기에 은퇴 이후 기대수명까지의 기간이 더 길어지고 있는 점을 고려하여 납입 기간은 10년 이상 장기납입으로 추천하며, 납입 기간이 만료된 이후에도 자금 여력이 있다면 추가 납입을 통한 최대 적립을 권고한다. 비과세 혜택은 당장 눈에 보이는 세제 혜택이 아니지만, 장기 유지 시 많은 적립금이 쌓였을 때 무시할 수 없는 세율(이자소득세 15.4% 비과세, 연금수령 시 연금소득세 비과세) 혜택이 주어진다.

은퇴자금 준비를 위한 저축금액 적정 수준은 월 소득의 10% 이상이며 사업자의 경우 퇴직연금이 부재하는 점을 고려하여 개인연금 재원 확보에 보다 더 높은 비율로 준비해야 한다. 국민연금 미가입자의 경우 국민연금 수급자인 배우자가 사망하면 배우자의 연금수령액 전액이 지급되는 것이 아니라 유족연금은 배우자 연금의 40%~60%만 지급받으니 수익이 없는 주부라도 개인연금을 미리 준비하는 것이 좋다.

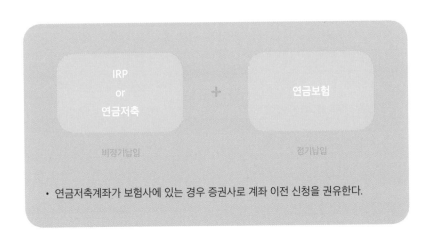

- 연금저축계좌가 보험사에 있는 경우 증권사로 계좌 이전 신청을 권유한다.

연금으로 가져갈 주식 추천

삼성전자

삼성전자 3년간 주가 추이

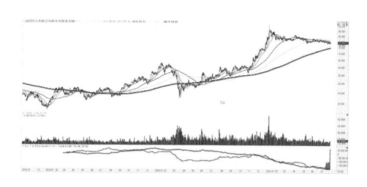

현재 우리는 3차 산업(IT 정보혁명) 시대와 4차 산업(AI) 시대가 공존하는 시기에 살고 있다. 기존 1, 2차 산업과 달리 3차 산업과 4차 산업은 밀접하게 연결되어 있기에 두 산업의 공존은 미래에도 지속될 수밖에 없을 것으로 보여진다. 바로 이를 연결해 주는 핵심고리는 반도체에서 시작되는데 현재 삼성전자는 기존 메모리반도체 분야에서 인텔을 제치고(2017년 2분기~2018년 3분기, 2021년 2분기) 글로벌 1위의 입지를 다지고 있다.

4차 산업의 핵심이 되는 시스템 반도체(비메모리) 성장을 위해 '시스템반도체 2030' 비전을 내세워 파운드리 등 관련 사업을 강화해 나가고 있다. 이를 통해 삼성전자는 5세대 이동통신(5G), 인공지능(AI), 자율주행 등 국가 미래 산업의 밑거름 역할을 담당하고자 하며, 2030년까지 전 세계 메모리-비메모리 두 분야 모두에서 최고의 입지에 있는 것을 목표로 하고 있다. 또, 글로벌 스마트폰 시장에서 애플과 세계 점유율을 앞다투고 있으며, 가전부문에서도 전자기계(가전제품)의 지속적인 성장세를 기록하며 세계적 위상을 떨치고 있다. 반도체 수요는 지속될 수밖에 없으며 현재와 미래를 잇는 필수이자 핵심 부품이 된다. 미래의 수요가 지속될 수 있는 사업 영역은 다음에서 다룰 바이오 산업과 같이 우리가 투자해야 할 대표 투자 섹터가 된다. 삼성전자는 현재 연 매출 200조 원대, 2023년도에는 300조 원에 달할 것으로 전망되고 있다. 1975년 6월 11일 상장하여 2021년 8월 기준 주가는 8만 원 초반대 형성되어 있다.

삼성바이오로직스

삼성바이오로직스 5년간 주가 추이

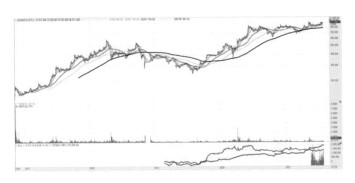

* 2016년 상장

삼성바이오로직스는 삼성그룹의 계열사로 국내외 제약회사의 첨단 바이오의약품을 위탁 생산하는 기업이다. 반도체와 가전 산업에 주력하던 삼성이 차세대 먹거리 산업으로 바이오 시장을 선점하기 위해 2011년 삼성바이오로직스를 탄생시켰다. 삼성바이오로직스는 현재 세계 1위 글로벌 CMO 기업이며, 4공장(2023년 예정)까지 가동하게 될 경우 전 세계 최대 규모 위탁생산 능력을 갖추게 된다(총 62만리터로, 론자 40만리터(2025년), 베링거인겔하임 45만리터). CMO 사업은 바이오 신약 개발이 활기를 띠면서 성장할 수 있는데, 이는 의약품이 늘어나면 안정적으로 대량생산할 수 있는 CMO로 연결되기 때문이다. 백신이나 치료제가 개발되어도 대량의 의약품을 제때 공급하는 것이 무엇보다 중요하기에 CMO 사업의 가치는 더욱 높아지고 있다.

신약 개발은 불확실성이 높고 비용도 많이 들지만, CMO는 상대적으로 높은 마진율을 낼 수 있게 된다. 삼성바이오로직스는 앞서 코로나19 치료제와 관련해 다국적 제약사 일라이 릴리와 GSK가 개발한 항체 치료제를 위탁받아 생산을 진행했으며, 2021년 5월 한미 정상회담에 참여하였고 모더나의 백신 완제 위탁생산 협약을 체결하면서 글로벌 백신 생산의 허브 역할을 도맡게 되었다. CDO, CRO 부문에서도 글로벌 최고의 자리에 이름을 올리겠다는 의지를 표명하고 있으며, 바이오 사업은 삼성이 반도체 다음으로 주력하고 있는 영역으로 2020년 매출 1조를 달성하며 지속적으로 성장하고 있다. 2016년 11월 10일 상장하여(공모가 13만 6천 원) 2021년 8월 기준 100만 원대의 주가 수준을 보이고 있다.

AB미국그로스펀드

　미국의 우량 주식에 투자하여 자본 증식을 추구하는 대표 펀드이다. 미국 대표 성장기업에 투자하면 높은 이익 성장률을 볼 수 있다. 사실상 미국 주식은 전 세계에서 가장 이상적인 차트를 형성한다. 장기적으로 우상향한다는 전제하에 장기 투자로 가장 안정적이며 이상적인 수익 추구가 가능한 펀드이다. 워런 버핏은 자신이 사망할 경우 자신의 자산을 S&P500으로 운용하라는 말을 남겼고, 어떤 종목을 사야 하는지 묻는 직장인에게 "S&P500에 묻어두고 일터로 돌아가 자기 일을 열심히 해라. 노동생산성을 높이고 그 임금을 S&P500에 투자하면 어렵지 않게 부자가 될 수 있다."라는 말을 남겼다. AB미국그로스펀드는 벤치마크로 S&P500을 추종하며 현재 S&P500 지수 대비 양호한 수익률을 보인다.

AB미국그로스 10년 변동 추이

AB미국그로스증권투자신탁(주식-재간접형)종류Ae

2,637.73　　1년 수익률　36.90%　　3년 수익률　82.51%

2021년
최고 2,662.86(07/28)

2,854.90

2,470.82

1,702.67

1,318.59

934.52

550.44

2014년
최저 742.48(04/18)

기준가 2021.7.29

삼성그룹주 펀드

삼성은 대표적으로 미래 성장성이 높은 산업을 육성하고 있다. 삼성 전자를 필두로 삼성이 영위하는 사업 전 분야에 투자하는 펀드이다. 글로벌 기업으로서의 삼성은 성장 가능성이 높은 사업 분야에 선택적, 선제적 자리를 선점하는 만큼 각 분야에 있어 대한민국과 글로벌 위상에서 최고의 자리를 유지하고 있다.

삼성그룹 펀드

한국투자삼성그룹적립식증권투자신탁 2(주식)(C-e)

1,471.43   1년 수익률 36.90%   3년 수익률 82.51%   2021년
최고 1,488.80(01/15)

1,566.51
1,411.09
1,100.23
944.30
789.37
633.95

2012년
최저 711.66(12/09)   기준가 2021.7.29

한국투자삼성그룹주 펀드의 TOP10 보유종목 현황

품목명	업종	펀드내 비중
삼성전자	전기전자	26.68%
삼성SDI	전기전자	8.98%
삼성바이오로직스	의약품	7.87%
삼성물산	유통업	7.68%
삼성에스디에스	서비스업	7.58%
제일기획	서비스업	7.10%
삼성전기	전기전자	6.42%
삼성엔지니어링	서비스업	5.41%
에스원	서비스업	3.61%
삼성화재	보험업	2.68%

출처: 네이버 금융

PART 6.

나의 자산을 지키는 유일한 금융상품,
보장자산

'보장자산'이란 보험의 다른 말로, '보험'은 예기치 못한 리스크로부터 손해를 보상해 주는 금융상품 및 제도이다. "이것은 보험이야." 라며 우리의 대화 속에도 종종 보험을 이야기하는데, 여기서 보험의 의미는 특정 금융상품뿐만 아니라 '안전을 보증한다.'라는 의미로서 폭넓게 사용한다. 보험은 예기치 못한 위험에 대비할 수 있도록 우리 삶에서 없어서는 안 될 중요한 역할을 하고 있음에도 불구하고 우리가 보험의 순기능을 인지하기 전, 대부분 부정적인 시선부터 자리 잡게 된다. 어릴 적 집에 찾아오는 엄마의 친구 또는 친지의 불편한 권유와 실적 중심의 영업 방식으로 인해 불필요한 상품에 가입하는 사례, 중도 해지하게 되어 피해를 보는 금융소비자가 발생하면서 자연스럽게 보험에 대한 인식이 부정적으로 조성된 것이다.

그러나 보험이라는 금융상품에 대해 부정적인 이야기를 언급하면서도 그에 대한 필요성은 부정할 수가 없다. 우리에게 질병, 사고 등의 문제가 발생했을 때 가장 먼저 찾게 되는 것이 보험과 보험설계사이다. 실제 병원에서 가장 잦게 들리는 대화도 단연 보험에 관한 이야기이다.

대한민국은 자동차보험을 의무로 가입하도록 국가에서 제도화했고, 실제 발생한 의료 비용을 보상해 주는 민간보험사의 실손의료비 (실비) 보험 가입률은 무려 80%[29]에 달한다. 전 국민이 국민건강보험에 의무가입되어 있지만 대부분의 고가 치료는 비급여 항목으로 분리

---

29) 금융감독원, 2020 기준.

되어 있어 국민건강보험 혜택에서 제외된다. 따라서 비급여 치료[30) 비용에 대한 손해는 실손의료비 보험으로 보상받고 있다. 또, 여행을 가는 여행자는 사고나 도난에 대비하기 위해 여행자보험에 가입하기도 하며, 값비싼 스마트폰 파손이나 분실을 보상받기 위한 휴대폰 보험 가입자도 지속해서 늘어나는 추세이다. 이렇게 보험은 우리 삶에 미치는 영역이 점점 광범위해지고 있다. 새로운 위험은 끊임없이 발생하고, 새로운 위험을 보장하는 보험 상품도 등장하며 각종 위험에 따른 경제적 손실을 보호해 주고 있다.

보험에는 일반 금융상품과 엄격히 구분되는 특징이 있다. 바로 나의 자산을 지킬 수 있도록 보상의 역할이 가능하다는 것이다. 보험은 나의 경제적 자산 손실을 보전하는 역할을 함으로 어느 금융상품도 해낼 수 없는 독보적인 '자산 지킴이'의 역할을 한다. 세상에 나쁜 금융 상품은 없다. 소비자에게 전적으로 불합리한 금융상품이라면 합법적인 판매가 불가능할 것이다. 결국 실제 보험 상품이 비난받는 이유는 상품이 지닌 본질적 가치 때문이 아닌, 적재적소에 맞지 않는 상품을 추천한 보험설계사에 대한 불만이 보험에 대한 불만으로 표출되는 것이다. 보험이 필요하다는 사실은 누구나 인지하고 있다. 난무하는 보험 권유를 비방하면서도 정작 보험에 대한 필요성을 부정할 수 있는 이는 없다. 보험 상품이 지닌 보장범위는 고객의 수요에 따라 점점 다각화되고 있으며 보험 수요자 역시 지속적으로 증가하고 있다.

30) 급여 치료는 국민건강보험 혜택이 적용되는 진료 항목이고, 비급여 치료는 적용되지 않는 진료 항목이다.

똑부러지는 보험 용어

계약자	보험에 가입하는 사람으로 보험 회사와 본인 이름으로 계약을 체결하고 보험료 납입의 의무를 지는 사람이다.
피보험자	보험의 대상자이다.
수익자	보험을 지급받는 대상자이다.
보험료	보험 계약자가 보험 계약에 따라 보험회사에 납입하는 금액이다.
보험금	보험사고 또는 손해가 발생한 때에 보험 회사가 보험 계약자에게 지급하는 금전이다.
질병	신체의 전체 또는 일부가 일차적 또는 계속적으로 장애를 일으켜서 정상적인 기능을 할 수 없는 상태이다.
상해	외부적인 원인으로 발생하는 위험으로, 보험 회사에서는 급격성, 외래성, 우연성을 모두 갖춘 경우 상해로 인정한다.

생명보험과 손해보험의 차이가 무엇일까?

"어느 보험사에 가입해야 하나요?", "생명보험은 죽어서 나오는 보험, 손해보험은 살아 있을 때 나오는 보험이 맞나요?"라는 질문을 종종 받는다. 어느 하나의 보험이 좋다거나, 절대 우위에 있는 회사는 존재하지 않는다. 각 보험사의 상품들은 상대적 강점과 약점을 지니고 있다. 생명보험사와 손해보험사는 대상에 따라 취급하는 상품에 따라 '사람'에 대한 보장과 '재물'에 대한 보장으로 나누는데, 사람에 대한 보험은 점차 생명보험과 손해보험의 경계선이 무너지고 있는 실정이다. 서로의 장점을 보완하며 특징이 크게 구분되지 않는 손해보험 같은 생명보험이, 생명보험 같은 손해보험이 등장하고 있다. 따라서 어느 회사와 상품에 가입할지를 고려하는 것이 아니라 본인의 상황과 니즈에 맞는 적절한 상품 가입이 필요하다. 과거에는 손해보험사를 주로 재물보험 회사로 인식하였고, 생명보험사를 생명과 관련된 회사로 인식하였으나 현재 두 회사 모두 사람 신체에 대한 질병, 사고 등의 영역을 공통으로 다루고 있다. 그러나 재물보험인 화재보험, 자동차보험 등은 손해보험사의 고유 영역이다.

보험은 어떻게 생겼을까?

대부분 보험의 형태는 크게 기본계약과 부가 담보로 구성된다. 이는 나무 기둥과 가지에 비유할 수 있는데 생명보험에서는 기둥을 주계약, 가지를 특약으로 표현할 수 있고, 손해보험에서는 기본계약과 담보로 말할 수 있다. 주계약과 기본계약은 보험 상품이 존재하기 위한 기본 필수 조건과 다름없고, 이 외에 보장받고자 하는 담보를 선택하여 상품을 구성하는 것이 가능하다. 생명보험회사에서는 주계약이 주로 일반사망을 보장하고 있으며, 손해보험회사에서는 기본계약이 주로 상해사망 또는 상해후유장해[31]를 보장하고 있다.

31) 상해를 원인으로 치료 후에도 질병이 완치되지 못하거나 이전과 같은 노동력을 사용할 수 없는 상태를 말한다.

실손의료비만 있으면 될까?

한정된 납입 보험료 내에서 보장자산을 준비할 때 우선순위로 가입해야 하는 보험이 있다면 단연 실손의료비 보험이다. 실손의료비 보험은 말 그대로 실제 손해 의료비용을 급여, 비급여 항목에 따라 보상해주는 보험이다. 대한민국에서는 의무가입인 국민건강보험으로 급여항목 치료에 관한 혜택이 가능하지만, 국민건강보험에서 지원하지 않는 비급여 항목은 치료 비용이 많이 들어 환자에게 부담이 된다. 이때 급여, 비급여 항목을 실손의료비 보험으로 비례보상을 받을 수 있다(가입 시점에 따라 자기 부담률 상이). 실손의료비 보험은 병원비 손실을 보상해 줌으로 최소한 의료비가 없어 치료를 받지 못하는 최악의 상황은 면할 수 있도록 돕는다. 2021년 7월 이후 가입자의 경우 실손의료비 보험은 급여 80%, 비급여 70%를 비례보상 하고 있다.

진단비와 수술비의 약관상 차이

구분		현행(新실손)	개편(안)
상품구조		급여·비급여 통합 + 비급여 3개 특약	급여(주계약)·비급여(특약) 분리
보험료 차등제	급여	미적용	미적용
	비급여		적용(할인·할증 방식)
자기 부담률	급여	10% / 20%	20%
	비급여	20%(특약: 30%)	30%
공제금액 (통원)	급여	최소 1~2만 원 (처방 0.8만 원)	최소 1만 원(병·의원급) 최소 2만 원(상급·종합병원)
	비급여		최소 3만 원

구분		현행(新실손)
보장한도	입원	상해·질병당 연간 5천만 원
	통원	상해·질병당 회당 30만 원 (연 180회)

구분	급여	비급여
상해 입·통원	합산 연간 5천만 원 (통원 회당 20만 원)	합산 연간 5천만 원 (통원 회당 20만 원)
통질병 입·통원	합산 연간 5천만 원 (통원 회당 20만 원)	합산 연간 5천만 원 (통원 회당 20만 원)

* 비급여에 한해 별도 통원 횟수 추가 예정

구분	현행(新실손)	개편(안)
재가입주기	15년	5년

출처: 금융감독원 보도자료 2020.12

간혹 실손의료비만 준비되면 충분하다고 말하는 이들이 있는데, 이것은 보험가입자가 보험의 역할을 가장 좁은 의미로 한정했을 때 하는 착각일 수 있다. 실손의료비는 지출된 손해 비용만을 비례 보상받는 보험이다. 그러나 우리가 예상치 못한 사고나 질병에 노출되면 1차로 발생하는 직접 손해 비용 외에 2차로 간접 손해 비용이 발생하게 된다. 예를 들어 장기간 치료를 요하는 상황에 처하면 병원 비용 외에 간병 비용이 발생하거나 간병하는 배우자 또는 당사자의 노동이 불가능하여 매월 발생하던 소득이 중단된다. 이 경우 실제 발생한 의료 비용 손해뿐만 아니라 매월 발생하던 소득이 중단되어 가계의 손해로도 이어진다. 치료 기간에도 교육비나, 생활비, 식비, 대출 상환 비용, 할부금 등의 비용 지출은 지속된다. 실손의료비 보험은 과거에 전액을 보상해 주기도 하였으나 의료비 남용 등의 도덕적 해이로 인한 보험사의 손해율 증가로 보상률이 점차 축소되고 있는 실정이다. 그렇기 때문에 보험은 간접적으로 발생하는 2차 손해까지 폭넓게 보상받는 것이 중요하다.

보험의 좁은 의미를 '직접 손해'에만 한정했다면, 간접적으로 발생하는 2차 손해까지 폭넓게 보상을 받는 것이 진정한 보험의 역할이자 정의이다. 발생한 손해뿐 아니라 발생하지 않을 소득에 대한 경제적 위협을 바로 보장자산으로 대신할 수 있는 것이다. 특히 자신의 소득이 가계의 주소득원이었다면(가장의 경우) 문제는 더욱 커진다. 가장이 암에 걸렸다고 해서 가족 구성원이 기존의 생활을 영위하지 않을 수는 없는 일이다. 이 부분에서 실제 치료 비용만을 비례 보상하는 실손의료비 보험 외에 암 진단비가 지급되는 암보험의 보험금으로 환자가 치료에 전념할 수 있도록 돕고 가정의 자산 손실을 막을 수 있게 되는 것이다. 가장의 사망이 발생하는 최악의 경우 지속적으로 발생하던 가계 고정 수입이 부재하게 되는데, 이런 경우에는 종신보험이나 정기보험의 사망보험금이 가계의 수입을 대신하여 가족이 경제적으로 자립할 수 있는 기간과 기회를 부여한다.

보험료는 얼마가 적당할까?

재무설계상 보상자산은 월 소득액의 5~10% 이내로 준비하는 것이 적절한 수준이다. 그러나 상황에 따라 보험료 납입 능력이 상응하지 않을 수도 있으며, 보장성 보험은 해지하는 순간 손실이기 때문에 무리한 가입보다 유지가 중요하다는 것을 명심해야 한다.

연봉이 높을수록 발생하지 않을 소득에 대한 경제적 손실 또한 크게 발생하므로 높은 보험료를 지불하고 높은 보장을 받는 것은 당연하다. 무소득자인 경우 자신의 소득 부재가 가계 경제에 영향을 미치지 않는 것으로 판단하기에 실비 수준의 최소한도로 보험을 준비하는 것을 권한다. 가계의 경제적 여건이 여의치 않을수록 예비 자금이나, 여유자금이 준비되지 않은 것을 고려하여 보험의 필요성은 더욱 중요하다.

3대 진단비 보험은 필수

　대한민국의 사망원인 1위 질병이자 서구화된 식습관, 오염 등의 환경적 요건으로 더욱 발병률이 높아지고 있는 암은 주위에서 흔히 접할 수 있는 질병인만큼 대부분이 그 위험성을 인식하고 있다. 암보험은 실손의료비 보험만큼이나 먼저 찾는 대표적인 보험이다. 암과 더불어 사망률이 높은 심장질환과 뇌혈관질환을 포함하여 보험에서는 이를 '3대 질병'이라고 칭한다. 또한 폐렴으로 인한 사망도 혈관질환과 앞다투어 상위에 랭크되고 있는데, 노인에게 폐렴이 발생하는 경우 취약할 수 있다는 것으로 볼 수 있다. 최근에는 알츠하이머병으로 인한 사망률도 점차 높아지고 있다. 이는 고령 시대를 맞이한 대한민국에서 충분히 가늠할 수 있는 상위 사망원인이 된다.

　대한민국 사망자 중 약 10% 미만만 사고와 자살로 사망한다. 즉, 대부분의 사망자는 질병이 원인이 되어 사망한다. 세상에 존재하는 질병의 가짓수는 셀 수가 없고, 때로는 코로나바이러스감염증(COVID-19)와 같은 보고되지 않았던 신종 질병이 발생하기도 한다. 이 말은 발생할 수 있는 모든 질병 위험에 대해 준비하는 것은 현실적으로 쉽지 않다는 이야기이다. 따라서 보험을 준비할 때는 최대한 확률에 기준하여 '확률적 질병' 위주로 준비하는 것이 가장 효율적인 방법이다.

　보험은 평생 납입하고도 보험금을 수령하지 못하는 경우가 있을 수 있고, 한두 번 납입하고도 수십, 수백 배에 달하는 보험금을 지급받을 수도 있다. 이와 같은 보험의 특성 중 하나가 바로 사행성[32]인데 이 때문에 보험료가 비효율적으로 지출되지 않도록 더욱 꼼꼼하게 준비해야 한다.

성별 사망원인 순위(2019)

남		순위		여
암	196.3	1위	120.2	암
심장질환	59.6	2위	61.3	심장질환
폐렴	47.5	3위	42.8	폐렴
뇌혈관질환	41.5	4위	42.6	뇌혈관질환
고의적 자해(자살)	38.0	5위	18.7	알츠하이머병
간질환	18.6	6위	15.8	고의적 자해(자살)
당뇨병	16.1	7위	15.5	당뇨병
만성하기도질환	15.8	8위	14.9	고혈압성질환
운수사고	12.3	9위	11.2	패혈증
패혈증	7.9	10위	8.2	만성하기도질환

200 150 100 50 0   0 50 100 150 200

사망률(인구 10만 명당 명)   사망률(인구 10만 명당 명)

32) 우연한 이익을 얻고자 요행을 바라거나 노리는 성질이나 특성을 말한다.

암은 크게 고액암, 일반암, 소액암 세 가지로 분류할 수 있다. 그러나 보험 상품을 가입할 때 약관상 암 분류 범위가 상이할 수 있으니 반드시 가입 상품의 약관을 반드시 참고해야 한다. 고액암은 통상적으로 고액의 치료비가 요구되는 암을 이야기한다.

3대 고액암	뇌암, 골수암, 혈액암
5대 고액암	뇌암, 골수암, 혈액암, 식도암, 췌장암
소액암	갑상샘암, 경계성종양, 제자리암, 기타피부암 등

상대적으로 완치율이 높은 편인 소액암의 경우 일반암 진단비의 10%~20% 정도의 보험금이 지급된다. 갑상샘암은 2008년을 기점으로 일반암에서 소액암(또는 유사암)으로 분리되었다. 2008년 이전 가입한 암보험의 경우 갑상샘암을 대부분 일반암으로 보장하고 있으며 회사별, 상품별, 소액암 분리 시기가 상이하기에 반드시 약관상의 소액암 분류표를 확인해야 한다.

또한 대장점막내암 역시 질병코드를 C 코드로 진단받는지, D 코드로 진단받는지에 따라 일반암, 소액암의 여부가 달라진다. 약관상 대장점막내암을 소액암으로 명시한 경우는 코드 관계없이 소액암 진단비를 지급받는다.

일부 보험 상품에는 유방, 자궁암, 전립선암도 소액암(유사암)으로 분류하고 있으며 점차 소액암의 범위가 확대되는 추세이다. 소액암은 보험사에서 보험금 지급 손해율을 낮추고자 발병률이 높은 암 종류를 분류하고 있음으로 소액암 관련한 보장에 대해서도 반드시 적정한 보장을 받을 수 있도록 준비하는 것이 좋다.

　일반암은 소액암을 제외한 암을 이야기하는 것으로 일반암은 고액암을 포함한다. 고액암 진단 시에는 일반암의 보험금과 고액암의 보험금이 중복으로 지급된다.

2대 질병 원인인 뇌와 심장은 어떻게 준비해야 할까?

질병으로 사망하는 사망자 중 약 절반 가까이는 3대 질병으로 사망하며 암, 심장질환, 뇌혈관 순이다. 해당 질병으로 사망할 확률이 높다는 것은 다른 말로 곧 그 질병을 가지고 있는 자가 많다는 것으로 유추할 수 있다. 음주, 흡연, 스트레스, 대기오염, 서구화된 식습관 등에 노출된 현대인들에게 심장질환과 뇌혈관질환 발병 위험도는 더욱 높아지고 있다. 암의 경우 세포 분열이 활발한 시기보다 세포 분열 속도가 둔화되는 고령기에 발병률이 점차 감소하지만, 심장질환과 뇌혈관질환은 연령에 비례하여 위험률이 급격하게 높아진다.

여기서 심장질환과 뇌혈관질환 내에 포함된 질병은 암의 종류만큼이나 매우 다양하기에 보장범위가 명확해야 한다. 간혹 "3대질병이 무엇일까요?"라고 물어보면 대부분 가장 많이 하는 답변은 "암, 뇌출혈, 급성심근경색"이다. 그러나 흔히 보험소비자가 알고 있는 뇌출혈과 급성심근경색은 뇌혈관질환과 심장질환 중 일부 질병 코드에 해당하며(약 10% 내외) 보장범위가 한정된다. 심장질환에 대해서는 보험에서 부정맥, 심장판막증을 제외한 허혈성심장질환을 최고 범위로 보장한다.

통상적으로 "과거 보험이 좋다."라고 이야기하지만, 꼭 그렇지만도 않다. 최근에는 허혈성심장질환과 뇌혈관질환을 보장해 주는 보험이 늘어나는 추세이다. 허혈성심장질환은 급성심근경색을 포함한 심장에서 일하는 혈관과 관련된 질병을 보장하는 상위 범위이며 뇌혈관 진단을 보장하는 보험 또한 뇌출혈, 뇌졸중을 포함한 뇌혈관 관련 질병 전체를 보장하는 상위 범위의 (포괄적) 보장 보험 상품도 나오고 있다.

급성심근경색이나 뇌출혈 진단비만 지급받는 보험이라면 심장과 뇌혈관 관련한 질병 전부를 100가지로 비유했을 때 이는 약 10가지 미만에 대해서만 한정된 보장을 받는 것과 같다. 암으로 예를 들자면 초기 단계에서 지급받을 수 있는 보험금은 지급되지 않고 3, 4기 등 중·말기 단계에서만 보험이 지급되는 것과 같다.

질병코드로 분류하였을 때 허혈성심장질환 진단비와 뇌혈관질환 진단비는 각각 I20~25. I60~69를 보장한다.

뇌혈관질환

뇌졸중

뇌출혈

I60 지주막하출혈
I61 뇌내출혈
I62 기타 비외상성
  두개내 출혈

I63 뇌경색증
I65 뇌전동맥의 폐색 및 협착
I66 대뇌동맥의 폐색 및 협착

I64 출혈 또는 경색중으로
  명시되지 않는 뇌졸중
I67 기타 뇌혈관질환
I68 달리 분류된 질환의
  뇌혈관 장애
I69 뇌혈관질환의 후유증

허혈성심장질환

급성 심근경색증

I21 급성 심근경색증
I22 이차성 심근경색증
I23 급성 심근경색증에 의한
  특정 현존 합병증

I20 협심증
I24 기타 급성 허혈성심장질환
I25 만성 허혈성심장질환

• 뇌혈관질환&허혈성심장질환

뇌출혈 < 뇌졸중 < 뇌혈관질환진단비(기타 뇌혈관질환 I67 포함)

급성심근경색증 < 허혈섬심장질환진단비(협심증 I20 포함)

실손의료비와 소득 부재를 보완하는
수술비와 입원비

보험에도 순서가 있다면 실손의료비를 우선으로 반드시 진단, 수술, 입원 시에도 추가로 보험금을 지급받을 수 있도록 보험이 준비되어야 한다. 실손의료비 보험만으로는 실제 발생한 병원비 전액을 보상받지 못할 뿐 아니라 크고 작은 질병이나 사고로 수술, 입원 등을 동반하게 되는 경우 환자는 치료 기간에 소득이 부재하게 된다. 특히 가계 소득을 전적으로 가장이 부담하고 있거나 프래린서, 개인 사업자 등 노동을 중단하는 것이 곧 소득의 부재로 이어질 때에는 치료 기간과 회복 기간이 가계 소득에 중대한 영향을 미치게 된다.

대부분 진단비는 1회 지급이지만 수술비는 수술 시마다 보험금이 지급된다(약관 참조). 따라서 수술비는 재발의 위험성 등을 고려했을 때 진단비의 한계를 보완해 주는 역할을 한다. 진단비는 통상적으로 확률적 질병 위주로 준비하고, 진단을 보장하는 담보도 제한적인데 반해 수술비는 작고 큰 질병, 다빈도 질병, 중대질병 등 폭넓게 다양한 질병과 상해에 대해서 보장한다. 수술비 담보는 진단코드만 받으면 보상받는 진단비 담보에 비해 수술을 전제로 하고 있기에 보험료가 진단비 담보에 비해 비교적 저렴한 편이다. 수술비 보장을 통해 진단비를 보완하며 실비와 생활비 등을 보장할 수 있다.

뇌혈관질환진단비보장 특별약관

제1조(보험금의 지급 사유)
회사는 보험증권에 기재된 피보험자가 이 특별약관의 보험기간 중에
「뇌혈관질환」으로 진단 확정된 경우에는 최초 1회에 한하여 이 특별약관의
보험가입금액을 뇌혈관질환진단비로 보험수익자에게 지급한다.

대부분의 질병관련 진단비는 최초 1회에 한하여 지급한다(재진단 시 보험금 지급 없음).

뇌혈관질환수술비보장 특별약관
뇌혈관질환수술비(태아보장)보장 특별약관

제1조(보험금의 지급 사유)
회사는 보험증권에 기재된 피보험자(이하 「피보험자」라 한다)가
이 특별약관의 보험기간 중에 「뇌혈관질환」으로 진단 확정되고, 그 치료를
직접적인 목적으로 수술을 받은 경우에는 수술 1회당 이 특별약관의
보험가입금액을 뇌혈관질환수술비로 보험수익자에게 지급한다.

수술비는 수술 시마다 지급한다.

입원비는 입원 일당이라 표현하며 입원 일수에 따라 나오는 정액의
보험을 뜻한다. 특약(담보) 형태로 설계가 되며, 입원비는 다른 담보에
견주어 손해율이 높게 책정되어 보험료 또한 높은 편이다. 그러나 병원
에서 자체적으로 입원 치료를 축소해 나가는 과정에 있고, 대부분의 치

료를 통원 치료로 대체하고 있기에 환자들의 입원 일수도 점차 줄어들고 있다. 따라서 장기간 입원비를 보장하는 담보보다 단기간 입원 기간 일당을 보장하는 담보를 활용하면 더 합리적인 보험 가입이 가능하다.

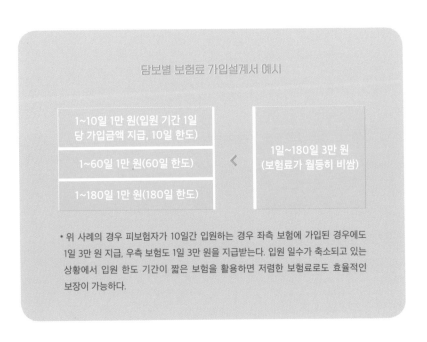

담보별 보험료 가입설계서 예시

1~10일 1만 원(입원 기간 1일당 가입금액 지급, 10일 한도)	
1~60일 1만 원(60일 한도)	1일~180일 3만 원 (보험료가 월등히 비쌈)
1~180일 1만 원(180일 한도)	

* 위 사례의 경우 피보험자가 10일간 입원하는 경우 좌측 보험에 가입된 경우에도 1일 3만 원 지급, 우측 보험도 1일 3만 원을 지급받는다. 입원 일수가 축소되고 있는 상황에서 입원 한도 기간이 짧은 보험을 활용하면 저렴한 보험료로도 효율적인 보장이 가능하다.

✔ 기타 알아두면 좋은 보험

사망을 보장하는 보험

사망을 보장하는 사망보험은 가장의 부재 시 가정의 소득을 대체해 줄 수 있는 유일한 자산이며, 생명보험의 핵심이라고도 불리운다. 사망 사인 구분 없이 일반사망을 보장하는 보험은 생명보험사에서만 판매되고 있다. 자살을 포함한 일반사망을 주계약으로 하며 예기치 못한 사망 위험을 보장받기 위해 준비하는 보장자산이다. 그러나 사람은 누구나 사망하기에 해지하지 않는 한 여지없이 보험금 수령이 가능한 보험상품이다. 사람의 사망 확률은 다른 위험과 달리 100%이기 때문에 보험료가 높은 편에 속한다. 유태인은 다음 세대를 위한 경제적 안전장치로서도 종신보험을 활용하고 있다. 부모가 종신보험에 가입하여 부모의 사망 시 자녀가 보험금을 수령 받아 안정적인 재산형성을 할 수 있도록 선대가 도움을 주는 것이다.

특히 가계의 소득이 오로지 가장에게만 의존하고 있는 가정의 경우 사망보험금을 보장하는 종신보험은 반드시 준비할 것을 권고한다. 이 경우 가장의 사망 시에는 가계의 구성원 전체가 무너진다.

"죽어서 나오는 보험금이 왜 필요한가요?"라고 묻는다면, "지금 당신을 살아가게 하는 원동력은 무엇인가요?"라고 되묻고 싶다. "가족입니다."라는 답을 하는 이라면 가족을 위해, 자녀를 위해 사랑과 상속의 지혜를 보여주는 것이 필요하다.

상속세 재원으로의 종신보험

대한민국 현행법상 상속자산 30억 원 초과 시 상속세율 50%를 적용하고 있으며 사망 시 6개월이내 상속세는 현금 납부가 원칙이다. 현금이 준비되지 않은 부동산만 지닌 자산가의 경우 종신보험 가입을 통해 이 부분을 사전에 준비해 둔다면 향후 발생하는 종신보험금으로 상속 세금을 대신할 수도 있다.

또한 자녀가 자신이 보험료를 납부하는 계약자로 하고, 보험의 대상자를 부모님으로 설정하여 가입한 종신보험의 경우 보험의 대상자(부모) 사망 시 발생하는 사망보험금은 상속세 과세 대상으로 간주하지 않는다. 종신보험의 보험료 전액을 계약자가 납입하여 발생한 보험금은 계약자의 고유재산으로 본다. 대표적으로 자산가들이 사용하는 종신보험을 통한 상속세 절세 방법이다.

계약자: 나(자녀)	피보험자: 부모	수익자: 나(자녀)	상속세 비과세
계약자: 부모	피보험자: 부모	수익자: 나(자녀)	상속세 과세

사망보험금을 저렴하게 보장받고 싶다면?

종신보험은 말 그대로 종신까지 사망보험금을 보장한다. 종신보험의 경우 사람은 누구나 사망하기 때문에 보험사에서는 100%의 확률로 보험금을 지급하게 된다. 따라서 보험사에서 보험금을 지급할 확률이

100%이기 때문에 납입하는 보험료 또한 높게 책정되어 있다. 종신보험이 비싼 이유는 고객이 해지하지 않는 한 보험사에서 무조건 지급해야 하는 (사망) 위험 보장이기 때문이다. 그러나, 종신까지 보장이 아닌 보험기간이 일정 기간으로 한정된 정기보험을 이용하면 저렴하게 사망을 보장받을 수 있다. 보험기간을 한정하지 않고 피보험자가 사망할 때까지 사망을 보장하는 보험을 종신보험이라고 하면 정기보험은 피보험자가 정기보험에서 보장하는(정해진) 보험기간 중에 사망한 경우에만 보험금을 지급한다. 가장의 소득이 발생하는 소득기간(은퇴 이전)까지만 사망보험금을 보장받도록 정기보험에 가입하거나, 사망보장기간 연령을 낮춰 가입하면 저렴한 보험료로 사망보험금 보장이 가능하다.

일상생활배상책임보험

실수로 상대방의 휴대폰이나 전자기기 등을 파손한 경우, 주차하기 위해 앞차를 밀다가 범퍼가 파손된 경우, 우리 집 누수로 인해 아래층에 피해를 입힌 경우, 피보험자 소유의 강아지가 남의 집 가구를 훼손한 경우 등 예상하지 못한 과실로 타인이나 타인의 재물에 피해를 주었을 때 배상해 주는 보험도 있다. 바로 일상생활배상책임 보험이다. 자전거 또는 누수보험으로 불리는 이 보험은 피보험자(가해자)가 타인(피해자)에게 과실로 인명이나 재산의 피해를 입히면서 발생한 법률상 배상책임에 따른 손해를 보상하는 보험으로 배상책임 보험의 한 종류이다.

가족일상생활배상책임의 경우 피보험자의 대상이 가족에 한정되므로 자녀나 배우자가 과실로 타인에게 피해를 준 경우에도 보험 혜택을 받을 수 있다. 해당 보험은 손해보험사에서 특약 형태로 가입이 가능하다. 그러나 고의나 천재지변에 의한 타인 피해는 보상범위에 속하지 않는다. 일상생활배상책임은 일상생활에서 가장 광범위하게 활용할 수 있는 보험이다.

한 가지 주의할 점은 일상생활배상책임 보험 혜택을 받기 위해서는 반드시 보험증권에 기재된 주택이어야 누수 사고 등의 주택 관련 배상책임 보장이 가능하다. 이사 시에는 반드시 해당 보험사에 연락해 주소 변경을 해야 한다. 또한 업무 중 과실이나 자동차, 오토바이, 전기자전거, 전동 킥보드 등 전동장치에 의한 배상책임에서 제외되며, 거주를 함께하는 친족에 대한 배상도 불가하다. 타인에게 빌려서 사용하던 물건을 파손한 경우에도 배상이 불가능하니 알아두자.

자동차보험과 운전자보험

자동차보험과 운전자보험을 같은 개념으로 혼동하는 경우가 종종 있다. 그러나 두 보험은 가입 주체에 따라 차이가 있고 보장범위가 다른 별개의 보험이다. 자동차보험은 자동차 소유 시 의무로 가입해야 하며, 자동차 사고와 관련한 대물, 대인 등의 민사적 책임에 대해 주로 보상한다.

운전자보험은 선택 가입이며, 자동차를 소유하지 않은(운전을 하지 않는) 사람이어도 가입이 가능하다. 운전자보험은 자동차를 운전하다 발생한 사고로 인한 형사적 책임을 보상한다. 운전자보험에는 기본적으로 교통사고처리지원금(형사합의금), 변호사선임비용, 벌금 등을 실제 손해액에 비례하여 보상한다. 과거의 경우 정액 보장형도 있었으나 살인 등의 도덕적 해이를 불러일으켜 현재 실손 보상으로 변경되었다. 여기에 자동차 부상 치료비 특약을 부가하면 사고의 과실 여부와 관계없이 부상 등급에 따라 자신의 신체 피해에 대한 보상도 정액으로 가능하다. 자동차 부상치료비는 가벼운 부상 단계인 최저등급만 판정받아도 높은 보험금을 지급받을 수 있기에 사고가 잦거나, 운전이 미숙한 보험 가입자가 운전자 기본 보험 외에 부가적으로 가입하기 좋은 보험이다.

가입담보/보상한도

(물적사고할증금액: 200만 원)

대인배상 I	자배법시행령에서 규정한 한도
대인배상 II	1인당 무한
대물배상	1사고당 5억 원 한도
자동차상해	1인당 사망/부상/장해 1억/5억/1억 한도
무보험차상해	1인당 2억 원 한도
자기차량손해	1사고당 1,799만 원 한도(단, 손해액의 20%(20~50만 원) 공제)
비상, 견인 (잠금 제외)	긴급출동서비스 (6)회, 긴급견인(10km)

• 실제 자동차보험 설계 예시

자동차보험은 설계사를 통해 가입할 수 있지만 온라인, 유선 등을 통해 다이렉트로도 가입할 수 있다. 다이렉트로 가입하는 경우 설계사의 가입 중개수수료가 발생하지 않아 설계사를 통해 가입하는 경우보다

약 10% 내외의 보험료를 절감할 수 있다. 자동차보험을 갱신하기 전에 다양한 보험사와 채널을 통해 직접 비교하는 것이 좋다.

자동차보험에서 세 가지만 확실하게 알아두자. 첫 번째, 대물배상이다. 고가의 수입 차량이 늘어나는 추세로 보장 금액을 높여도 보험료에 차이가 거의 발생하지 않는다. 통상 보험사에서는 2억 원을 기본으로 하지만, 보장 금액을 몇 배로 늘려도 대게 보험료 차액은 1만 원 내외로 보험료에는 큰 차이가 발생하지 않는다. N중 추돌 사고나 고가의 수입 차량 등을 고려하여 5억 원 이상으로 준비할 것을 권한다.

두 번째, '자기신체사고' 보장이 아닌 반드시 '자동차상해' 보장으로 선택해야 한다. 자기신체사고는 상해급수에 따라 지정된 치료비만을 보장하는 특약이고, 자동차상해는 상해급수와 상관없이 가입금액 내에서 발생한 치료비, 위자료, 휴업 손해 등 가입금액 한도 내 실제 손해액을 보상한다.

세 번째, '무보험자상해'를 가입하자. 자동차보험 가입자가 자기차를 운전 중이거나 다른 차에 타고 있다가 무보험 차량이나 뺑소니 차량에 의해 피해를 받았을 때 보상해 주는 보험이다. 보험가입자의 가족도 같은 혜택을 받을 수 있고, 보행 중에 무보험 차량에 사고를 당했을 때도 보상받을 수 있다. 무보험차상해 보험에 가입된 경우 보험사는 사고를 당한 가입자에게 치료비 등 각종 보상을 우선으로 지급한 뒤 가해자로부터 보상 금액을 돌려받는다.

이외에도 블랙박스, 첨단안전장치, 자녀할인, 마일리지 특약 등을 확인하여 해당 사항이 있는 경우 보험료 할인을 챙기는 것을 추천한다.

✔️ 갱신형과 비갱신형

갱신형 보험은 갱신 기간마다 발생하는 손해율을 반영한 변동보험료를 고객에게 부과하는 방식이다. 연령이 증가할수록 위험이 증가하기에 보험료도 인상된다. 보험사의 손해율이 증가하면 그 손해율을 고객에게 전가하는 방식의 상품으로 갱신율 또한 예측할 수 없다. 갱신형 보험은 보장을 받는 전체 기간에 보험료를 납입한다.

반면 비갱신형 보험은 보험 기간에 동일한 보험료를 납부하며 납기 내 납입이 이루어지고 정해진 만기까지 보장을 받는다. 보험사의 손해율이 올라가더라도 고객은 납입 기간 내 동일한 보험료를 납부한다. 미래의 위험률을 미리 반영하여 납입하는 방식으로 갱신형 보험료보다 보험료가 크다. 가급적 젊은 나이에 가입할수록 총 납입 보험료가 줄어들기에 한 살이라도 어릴 때 가입하는 것이 좋다.

보험을 미리 가입하는 이유는 젊은 나이에 발생할 수 있는 위험에 대비하는 것도 있지만, 연령이 낮을 때 가입하는 경우 고연령자에 비해 위험도가 낮아 보험료가 낮게 측정된다. 같은 보장을 받지만 납입보험료가 저렴하다. 즉, 소득이 발생하는 기간 보험료를 납입한 후 실제 의료비 지출이 높아지는 고연령 시기에는 의료비 지출에 문제없이 보장받기 위해 가입한다.

갱신형 보험과 비갱신형 보험은 우위를 나눌 수는 없다. 본인의 납입 여력과 위험 발생 가능성(유전적 요인, 환경적 요인), 연령 등을 고려하여 자신의 상황에 맞는 판단이 우선시 되어야 한다. 실손의료비는 손해율이 높아 전 보험사에서 갱신형 상품으로만 판매한다.

가입담보		
진단비	**상해후유장해(3~100%)**	
	질병후유장해(3~100%) 100세 만기 시 손해율이 높아 보험료가 높게 책정되어 있다면 해당 항목만 80세 만기로 설계하면 보험료를 낮출 수 있다.	
	암진단비	
	유사암진단비 암진단비에 비해 낮은 금액을 보장한다. 보험 가입 상품에서 유사암 또는 소액암의 종류에 대해서 확인해야 한다. 유사암을 제외한 모든 암은 일반암으로 분류되기에 유사암 종류가 적을수록 좋다.	
	뇌혈관진단비	
	허혈성심장질환진단비	

수술비

질병수술비

질병종수술비
약관에서 분류된 위험도 (종)에 따라 보험금이 차등 지급된다.
대게 1종~5종을 분류되고 숫자가 높을수록 위험도가 높은 수술이다.
대표적으로는 개두, 개흉, 개복 수술이 5종수술에 속한다.

상해수술비
상해로 인해 수술하는 경우 정액지급 받는다. 질병 수술에 비해 발생
빈도가 낮아 높은 보장이 가능하다.

상해종수술비

암수술비
암진단비는 1회성인 반면, 수술비는 회마다 지급이 가능하다.
가입 상품별로 상이하기에 약관을 참조한다.

항암방사선, 약물치료비
이 항목에는 '표적항암약물치료비'를 추가하는 것도 좋다. 표적항암
이란 항암 투약 시 암세포만 공격해 암의 근원을 차단하는 약물로
기존 항암 약물치료와 달리 탈모 등의 증상이 발생하지 않는다.
신의료기술로 손해율이 높지 않아 가성비 좋은 항목이다.

뇌혈관수술비

허혈성심장질환수술비

N대 수술비
보험사별로 상이하다. N은 보장하는 질병의 가짓수를 뜻하며 100대
수술이라 하면 100가지의 질병을 직접적인 원인으로 수술하게 되면
수술에 따라 보험금이 차등 지급된다. 무조건 보장 가짓수가 높다고
좋은 것이 아니라 N에 포함된 수술별 보장 금액 확인이 필요하다.

조혈모세포이식수술비
골수이식수술로 수증자(받는사람)가 지급받는 보험이다. 고가의
치료비가 들어가기에 반드시 항목에 추가하는 것이 좋다.

5대장기이식 수술비
고가의 치료 비용이 요구되므로 위험 발생 시에 유용하다.

가입담보		
입원비	**암입원비**	
	질병입원비 입원 일수에따라 나누어 보험가입금액을 가입하면 보험료를 절약할 수 있다. 1~180일 한도로 가입 금액을 가입하는 것보다, 가입 금액을 기간에 따라 나누어 가입하는 것이 유리하다.	
	상해입원비	

가입담보		
추천 부가 항목	**골절진단비** 발생빈도가 높은 항목이다.	
	화상진단비 심재성2도 진단 시에 보험금이 지급된다.	
	깁스치료비 반깁스는 인정되지 않고, 통깁스 치료 시에만 인정된다.	
	양성뇌종양진단비	
	혈전용해치료비 뇌경색 또는 급성심근경색 등의 치료를 위해 필수로 사용되는 치료 방법이다. 혈관 진단비와 수술비를 보완하는 또 다른 역할을 한다.	
	치핵수술비 발생 빈도가 높아 준비하면 좋다.	
	충수염수술비 발생 빈도가 높아 준비하면 좋다.	
	일상생활배상책임	

혼자서
시작하는
자산관리
입문서

초판 1쇄 발행 2021년 8월 30일
초판 2쇄 발행 2021년 9월 6일

지은이 이혜나

펴낸이 이준경 펴낸곳 (주)영진미디어
편집장 이찬희 책임편집 김아영 편집 김한솔
책임디자인 정미정 디자인 김정현 마케팅 양지환

출판 등록 2011년 1월 6일 제406-2011-000003호
주소 경기도 파주시 문발로 242 파주출판도시 (주)영진미디어
전화 031-955-4955 팩스 031-955-4959
홈페이지 www.yjbooks.com 이메일 book@yjmedia.net
ISBN 979-11-91059-19-9 03320
값 14,800원